Der Mieterschutz

Sammlung der Verordnungen

nebst den preußischen und bayerischen Vollzugs-
vorschriften

Erläutert
von

Dr. Ludwig Lehmann
Hilfsreferent am Stadtmagistrat Regensburg.

1919
München, Berlin und Leipzig
J. Schweitzer Verlag (Arthur Sellier).

Der Mieterschutz

Sammlung der Verordnungen

nebst den preußischen und bayerischen Vollzugs-
vorschriften

Erläutert

von

Dr. Ludwig Lehmann

Hilfsreferent am Stadtmagistrat Regensburg.

1919

München, Berlin und Leipzig

J. Schweitzer Verlag (Arthur Sellier).

Druck von Dr. F. P. Datterer & Cie. (Arthur Sellier) München-Freising.

Vorwort.

Zweck des vorliegenden Buches ist, in gedrängter Darstellung einen Überblick über das geltende Mieterschutzrecht zu gewähren, wie es sich im Laufe des Krieges und angesichts der herrschenden Wohnungsnot in der Demobilmachungszeit unter allmählicher Durchbrechung der nicht selten harten Grundsätze des bestehenden bürgerlichen Rechtes herausgebildet hat.

Die Einleitung soll dem Leser eine kurze Übersicht über die Entwicklung der Materie seit Beginn des Krieges bieten. In den Erläuterungen zur Mieterschutzverordnung vom 23. September 1918 (S. 14—53), zu der hiezu erlassenen Reichskanzlerbekanntmachung über das Verfahren vor den Einigungsämtern (S. 53—77) und zur Bundesratsbekanntmachung über Maßnahmen gegen Wohnungsmangel vom 23. September 1918 (S. 78—89) ist der Verfasser bestrebt, allen mit dem Vollzug dieser Verordnungen befaßten Behörden und Personenkreisen durch Vergleichung mit anderen Rechtsmaterien und Hinweis auf die einschlägigen Ausführungsvorschriften die Anwendung der gesetzlichen Bestimmungen zu erleichtern. Die Zitierung der amtlichen Begründung erfolgt hiebei insoweit, als es für das Verständnis der Verordnungen unbedingt erforderlich erscheint. Der Anhang enthält außer dem in Betracht kommenden Reichsrecht die zahlreichen preußischen und bayerischen Vollzugsvorschriften.

Die neuesten bayerischen Verordnungen vom April d. J. sind verwertet und im Anhang S. 117 ff. abgedruckt.

Regensburg, Ostern 1919.

Der Verfasser.

Inhaltsverzeichnis.

Verzeichnis der Abkürzungen.

Die Abkürzungen entsprechen, soweit sie nicht nachstehend aufgeführt sind, den Vorschlägen des 27. Deutschen Juristentages, erschienen bei J. Guttentag, Berlin 1905.

AG.	=	Amtsgericht
Anh.	=	Anhang
BayGemZ.	=	Bayerische Gemeindezeitung
BayZfR.	=	Zeitschrift für Rechtspflege in Bayern
Begr.	=	Begründung zu der betr. Verordnung, zur WBO. s. Reichsanzeiger Nr. 228/18
Begr. I	=	**Begründung zur MSchVO. vom 26. Juli 1917 abgedruckt im Reichsanzeiger Nr. 178/17**
Begr. II	=	Begründung zur MSchVO vom 23. September 1918 abgedruckt im Reichsanzeiger Nr 228/18
BGB.	=	Bürgerliches Gesetzbuch
Demob.Komm.	=	Demobilmachungskommissar
Dyroff	=	Kommentar zum bayer. Verwaltungsgerichtsgesetz, 5. Aufl. 1917
EA.	=	Einigungsamt
e. A.	=	einstweilige Anordnung
Erl.-W.	=	L. Erlanger und R. Wassermann, Die Kriegsgeseetz privatrechtlichen Inhalts, 3. Aufl. 1917
FGG.	=	Gesetz über die Angelegenheiten der freiwilligen Gerichtsbarkeit
GemO.	=	Gemeindeordnung
GGG.	=	Gewerbegerichtsgesetz
JMBl.	=	Justizministerialblatt
JW.	=	Juristische Wochenschrift
LZ.	=	Leipziger Zeitschrift für Deutsches Recht
Mayer	=	Mayer, Das Privatrecht des Krieges, 1915
MEA.	=	Mieteinigungsamt
MinBek.	=	Ministerialbekanntmachung
MinErl.	=	Ministerialerlaß
Mittelstein	=	Die Miete nach dem Rechte des Deutschen Reiches, 3. Aufl. 1913
MSchVO	=	Mieterschutzverordnung
Neumiller	=	Handausgabe zur Zivilprozeßordnung, 3. u 4. Aufl. 1911

österr. VO. = VO. des österreichischen Gesamtministeriums über den Mieterschutz vom 26. Januar 1917
Olshausen = Kommentar zum Strafgesetzbuch f. d. Deutsche Reich, 10. Aufl. 1916
Pfeiffenberger = Kommentar z. Mieterschutzverordnung v. 26. Juli 1917
RGBl. = Reichsgesetzblatt
RGRKomm. = Kommentar zum Bürgerlichen Gesetzbuch herausgegeben von Reichsgerichtsräten, 2. Aufl. 1913
RGZ. = Entscheidungen des Reichsgerichtes in Zivilsachen
RKBek. = Anordnung des Reichskanzlers für das Verfahren vor den Einigungsämtern
Rohde = Erläuterungen zur Mieterschutzverordnung, 4. Aufl. 1918
RVO. = Reichsversicherungsordnung
Staudinger = Kommentar zum Bürgerlichen Gesetzbuch, 7. und 8. Aufl. 1912
Stein = Kommentar zur Zivilprozeßordnung, 10. Aufl. 1911
Stern = Stern Karl, Die neue Mieterschutzverordnung, 2. Aufl. 1919
VO. = Verordnung
WVO. = Bek. über Maßnahmen gegen Wohnungsmangel
ZPO. = Zivilprozeßordnung

Bei der MSchVO. (S. 14 ff.) entsprechen die in Klammern beigefügten Paragraphen der alten Fassung der VO. vom 26. Juli 1917; soweit durch die VO. vom 23. September 1918 Änderungen an den schon vorhandenen Paragraphen vorgenommen wurden, sind sie durch Fettdruck besonders kenntlich gemacht.

Ergänzung.[1]

1. Novelle zur Verordnung zum Schutze der Mieter vom 22. Juni 1919.

(RGBl. S. 591.)

Auf Grund des Gesetzes über die vereinfachte Form der Gesetzgebung für die Zwecke der Übergangswirtschaft vom 17. April 1919 (RGBl. S. 394) wird von dem Reichsministerium mit Zustimmung des Staatenausschusses und des von der verfassunggebenden Deutschen Nationalversammlung gewählten Ausschusses folgendes verordnet:

Art. I. Die MSchVO. vom 23. September 1918 (unten S. 14 ff.) **wird dahin geändert:**

1. Der **§ 5** erhält folgende Fassung:[2])

Macht sich im Bezirk einer Gemeindebehörde, in dem ein Einigungsamt errichtet ist, nach dem Ermessen der Landeszentralbehörde ein besonders starker Mangel an Mieträumen geltend, so kann die Landeszentralbehörde die Gemeindebehörde zu der Anordnung ermächtigen oder verpflichten, daß jeder Abschluß eines Mietvertrags über Wohnräume, Läden und Werkstätten der Gemeindebehörde vom Vermieter binnen einer Woche nach Abschluß

---

1) Die nachstehende Novelle zur MSchVO., zur VO. betr. den Schutz der Kriegsteilnehmer gegen Zwangsvollstreckungen und zur VO. über Sammelheizungs- und Warmwasserversorgungsanlagen in Mieträumen sind erst nach Fertigstellung des Druckes erschienen, wurden aber trotzdem in geeigneter Weise im Text berücksichtigt.

2) Der neue § 5 geht insoferne über den früheren (s. unten S. 30 ff.) hinaus, als die Anzeigepflicht der beabsichtigten Vermietung nicht mehr davon abhängig ist, daß ein höherer Mietzins begehrt wird, sondern bei jeder Neuvermietung schlechthin (Abs. 1) verlangt werden kann und zwar ohne Rücksicht darauf, ob es sich um Wohnungen oder andere Mieträume (Werkstätten, Läden usw.) handelt. Abs. 2 bedeutet eine wesentliche Verbesserung des bisherigen Rechtszustandes, da nicht nur die Gemeindebehörde, sondern auch der Mieter zur Antragstellung berufen ist. An Stelle der „Unverzüglichkeit" der Antragstellung ist eine bestimmte Frist von zwei Wochen getreten. Abs. 3 verknüpft die Unterlassung der Anzeige außer mit strafrechtlichen (§ 15 MSchVO.) nunmehr auch mit privatrechtlichen Wirkungen, erklärt jedoch im Gegensatz zu der bayer. VO. vom 29. April 1919 (s. unten S. 119) nicht den Mietvertrag schlechthin für ungültig, sondern nur den Vermieter seiner Ansprüche für verlustig, sieht aber auch in dieser Richtung in Abs. 3 Satz 2 eine Heilung des zivilrechtlichen Mangels vor.

des Vertrags anzuzeigen ist. Die Gemeindebehörde bestimmt, welche Angaben die Anzeige zu enthalten hat. Wird die Anordnung erlassen, so gelten für den Bezirk die Vorschriften der Abs. 2 und 3.

Übersteigt der vereinbarte Mietzins den Vertrag, der für Wohnräume, Läden oder Werkstätten der gemieteten Art und Ausstattung unter Berücksichtigung der Nebenleistungen des Vermieters üblich und angemessen ist, so kann sowohl die Gemeindebehörde innerhalb einer Woche nach Eingang der Anzeige, als auch der Mieter bis zum Ablauf zweier Wochen nach Abschluß des Vertrags bei dem Einigungsamte beantragen, daß der Mietzins auf die angemessene Höhe herabgesetzt wird; etwaige Nebenleistungen des Mieters gelten als Teil des Mietzinses, ebenso eine für den Nachweis der Mieträume gezahlte Belohnung, soweit sie dem Vermieter unmittelbar oder mittelbar zufließt.

Aus einem Mietvertrage, der der Gemeindebehörde nicht angezeigt ist, können von dem Vermieter keine Ansprüche geltend gemacht werden. Der Vertrag wird auch in Ansehung der Ansprüche des Vermieters wirksam, wenn weder die Gemeindebehörde noch der Mieter innerhalb der Frist (Abs. 2) eine Herabsetzung des vereinbarten Mietzinses beantragt, wenn die Anträge auf Herabsetzung zurückgezogen werden oder wenn das Einigungsamt über die Anträge entscheidet.

2. Hinter § 5 wird eingeschaltet:

§ 5 a. Machen sich nach dem Ermessen der Landeszentralbehörde infolge besonders starken Mangels an Mieträumen außergewöhnliche Mißstände geltend, so kann die Landeszentralbehörde mit Zustimmung des Reichsarbeitsministeriums die Gemeindebehörde auch zu anderen als den in den §§ 2 bis 5 bezeichneten Anordnungen ermächtigen oder (mit Zustimmung des Reichsarbeitsministeriums) solche Anordnung selbst treffen.[1])

3. Im § 6 Abs. 1 wird das Wort „Wohnungen" durch das Wort „Mieträume" ersetzt und in Nr. 1 hinter dem Worte „Wohnräumen" eingeschaltet „Läden und Werkstätten".

4. Im § 7 Abs. 2 werden die Worte „(§ 5 Abs. 1 Nr. 2)" durch die Worte „(§ 5 Abs. 2)" ersetzt.

5. Im § 15 wird die Bezeichnung „Nr. 1" gestrichen.

Art. II. Die WBO. vom 23. September 1918 (unten S. 78ff.) wird dahin geändert:

In **§ 2** wird folgender Punkt c eingefügt: c) mehrere Wohnungen zu einer vereinigt werden (s. unten S. 80).

Art. III. Diese Verordnung tritt mit dem Tage der Verkündung in Kraft.

---

[1]) Z. B. daß Mietverträge schlechthin nicht nur anzeigebedürftig, sondern bei Vermeidung der Nichtigkeit genehmigungspflichtig sind oder daß jede Mietzinserhöhung, auch wenn ein neuer Mietvertrag nicht abgeschlossen wird, der Zustimmung des EA. bedarf (vgl. bisher schon die bayer. VO.en vom 29. April 1919 s. unten S. 118 und 119).

Die MSchVO. und WVO. vom 23. September 1918 treten spätestens am 31. Dezember 1920 außer Kraft.

Mietverträge, für die beim Außerkrafttreten der MSchVO. die Herabsetzung des Mietzinses nicht beantragt ist, werden mit dem Zeitpunkt dieses Außerkrafttretens wirksam.

2. Verordnung über Sammelheizungs- und Warmwasserversorgungsanlagen in Mieträumen vom 22. Juni 1919.

(RGBl. S. 595).

§ 1. Gemeinden mit mehr als zwanzigtausend Einwohnern sind verpflichtet, andere Gemeinden sind berechtigt, Schiedsstellen zu errichten, welche die in den §§ 2 bis 7 festgesetzten Befugnisse haben. Die Landeszentralbehörden oder die von ihnen bestimmten Behörden können die Errichtung von Schiedsstellen auch in Gemeinden, die nicht mehr als zwanzigtausend Einwohner haben, anordnen. Schiedsstelle kann auch ein Einigungsamt oder die amtliche Stelle sein, der die Unterverteilung der Hausbrandkohlen obliegt.

Die Errichtung der Schiedsstelle ist von der Gemeindebehörde in ortsüblicher Weise bekanntzumachen.

Die Landeszentralbehörde oder die von ihr bestimmte Behörde kann Bestimmungen über die Zusammensetzung der Schiedsstelle erlassen.

§ 2. Die Schiedsstelle kann bestimmen:

1. in welcher Weise ein Vermieter die Menge von Heizstoffen, die er nach Anordnung der zuständigen Behörde verwenden darf, auf bestimmte Zeiträume (Monate, Wochen, Tage) zu verteilen und in welchem Umfang er die Sammelheizungs- und Warmwasserversorgungsanlagen der Mieträume in Betrieb zu halten hat;
2. ob und in welcher Höhe der Mieter einen Anspruch auf Minderung des Mietzinses oder der besonderen Vergütung für die Heizung oder Warmwasserversorgung geltend machen kann, wenn die durch Anordnung der zuständigen Behörde oder durch Entscheidung der Schiedsstelle (Nr. 1) festgesetzten Leistungen des Vermieters an Heizung der Mieträume und Lieferung von warmem Wasser hinter dem vertragsmäßigen Umfang dieser Leistungen zurückbleiben;
3. ob der Mieter, wenn die Voraussetzungen der Nr. 2 vorliegen, berechtigt ist, das Mietverhältnis ohne Einhaltung einer Kündigungsfrist zu kündigen.

Die Bestimmung kann durch allgemeine Anordnung oder auf Anrufen des Vermieters oder des Mieters im einzelnen Falle getroffen werden. Allgemeine Anordnungen sind von der Schiedsstelle in ortsüblicher Weise öffentlich bekanntzumachen.

§ 3. Sind seit der letzten vor dem Inkrafttreten dieser Verordnung getroffenen Preisvereinbarung die Selbstkosten des Vermieters für die Heizung und Warmwasserversorgung der Mieträume so gewachsen, daß das Anwachsen nicht vorauszusehen war und daß billigerweise die Tragung der Mehrkosten dem Vermieter allein nicht zugemutet werden kann, so kann die Schiedsstelle auf Anrufen des Vermieters den Mietpreis oder die besondere Vergütung für die Heizung oder Warmwasserversorgung für die weitere Dauer des Mietverhältnisses oder für einen kürzeren Zeitraum entsprechend erhöhen.

§ 4. Ist die Vergütung für die Heizung oder Warmwasserversorgung in dem Mietpreis enthalten, so kann die Schiedsstelle im Falle des § 3 in ihrer Entscheidung bestimmen, welcher Betrag des Mietzinses auf die bezeichneten Nebenleistungen entfällt.

Ist die Vergütung für Heizung oder Warmwasserversorgung im Vertrag oder gemäß Abs. 1 besonders bestimmt, so kann die Schiedsstelle weiter bestimmen, daß, in welcher Höhe und in welchen Abstufungen sowie von welchem jeweiligen Zeitpunkt an sich die Vergütung je nach den Schwankungen der Heizstoffpreise gegenüber dem in der Entscheidung als maßgebend festgesetzten Richtpreise erhöht und vermindert.

§ 5. Der Mieter behält gegenüber der nach den §§ 3, 4 erfolgten Bestimmung des Mietzinses oder der besonderen Vergütung den Anspruch auf Minderung gemäß § 2 Abs. 1 Nr. 2, Abs. 2.

§ 6. Hat die Schiedsstelle in den Fällen der §§ 3, 4 die Leistungen des Mieters höher bestimmt, als er sich zu zahlen bereit erklärt hatte, so kann der Mieter unter Einhaltung der gesetzlichen Kündigungsfrist das Mietverhältnis für den ersten Termin kündigen, für den es nach Erlaß der Entscheidung zulässig ist.

§ 7. Die Schiedsstelle entscheidet nach billigem Ermessen. Ihre Entscheidung ist unanfechtbar.

Werden nach der Entscheidung von der zuständigen Behörde neue Anordnungen, insbesondere über die Zuteilung oder die Verwendung von Heizstoffen getroffen oder tritt sonst eine Änderung der bei Erlaß der Entscheidung bestehenden tatsächlichen Verhältnisse ein, so können die Beteiligten die Entscheidung der Schiedsstelle erneut anrufen.

§ 8. Die Bestimmungen der Schiedsstelle gelten als vereinbarte Bestimmungen des Mietvertrags. Soweit der Vermieter die Anordnungen der zuständigen Behörde und die Bestimmungen der Schiedsstelle über die Verwendung der Heizstoffe und den Betrieb der Sammelheizungs- und Warmwasserversorgungsanlagen erfüllt, sind weitergehende Ansprüche des Mieters ausgeschlossen.

§ 9. Hängt die Entscheidung eines Rechtsstreits ganz oder zum Teil von der Entscheidung der Schiedsstelle ab, so hat das Gericht auf Antrag einer Partei anzuordnen, daß die Verhandlung bis zur Entscheidung der Schiedsstelle auszusetzen sei.

§ 10. Ist eine Entscheidung gemäß § 2 Nr. 1 von dem Vermieter und dem Mieter oder von dem Vermieter gegen mehrere Mieter desselben Hauses oder von mehreren Mietern desselben Hauses beantragt, so kann die Schiedsstelle die Verhandlung und Entscheidung über die Anträge verbinden.

§ 11. Soweit diese Verordnung keine Vorschriften enthält, regelt der Reichskanzler das Verfahren vor der Schiedsstelle. Das Verfahren ist gebührenfrei; die Schiedsstelle bestimmt, wer die baren Auslagen des Verfahrens zu tragen hat.

§ 12. Die Anwendung dieser Verordnung kann durch Vereinbarung der Parteien nicht ausgeschlossen oder beschränkt werden.

§ 13. Diese Verordnung tritt mit dem Tage der Verkündung in Kraft.

Der Reichsminister der Justiz bestimmt, wann sie außer Kraft tritt; sie tritt spätestens am 31. Dezember 1920 außer Kraft.

Die Schiedsstelle kann die ihr im § 2 übertragenen Bestimmungen mit rückwirkender Kraft vom 1. Oktober 1917 an treffen.

Die Zuständigkeit der Schiedsstellen und die Anwendung der Vorschriften dieser Verordnung wird nicht dadurch ausgeschlossen, daß ein die Ansprüche wegen Heizung von Mieträumen oder Lieferung von warmem Wasser betreffendes Verfahren vor den ordentlichen Gerichten anhängig ist.

3. Verordnung zum Schutze der Kriegsteilnehmer gegen Zwangsvollstreckungen vom 17. Juni 1919.[1])

(RGBl. S. 521.)

Auf Grund des § 1 des Gesetzes über die vereinfachte Form der Gesetzgebung für die Zwecke der Übergangswirtschaft vom 17. April 1919 (RGBl. S. 394) wird von dem Reichsministerium mit Zustimmung des Staatenausschusses und des von der verfassunggebenden Deutschen Nationalversammlung gewählten Ausschusses folgendes verordnet:

§ 1. Für die Zwangsvollstreckung gegen einen Schuldner, der Kriegsteilnehmer ist oder war, gelten, soweit nicht in §§ 2 und 3 ein anderes bestimmt ist, bis zum 1. Januar 1920 die Vorschriften der Verordnung des Rates der Volksbeauftragten zum Schutze der Kriegsteilnehmer gegen Zwangsvollstreckungen vom 14. Dezember 1918 (RGBl. S. 1427).[1])

§ 2. Wird die Bewilligung der Zwangsvollstreckung nach Ablauf von sechs Monaten seit Beendigung der Kriegsteilnehmerschaft des Schuldners (§ 2 der Verordnung vom 14. Dezember 1918) oder wird sie für eine Forderung nachgesucht, die nach Beendigung der Kriegsteilnehmerschaft des Schuldners entstanden ist, so ist sie nur zu versagen, wenn ihre Erteilung nach den Umständen des Falles offenbar unbillig wäre.

Das gleiche gilt, wenn die Bewilligung für Unterhaltsbeiträge nachgesucht wird, die kraft Gesetzes für bestimmte Zeitabschnitte zu entrichten sind, soweit die Beiträge für den zur Zeit des Gesuchs laufenden Zeitabschnitt geschuldet werden.

§ 3. Die Vollziehung von Arresten und einstweiligen Verfügungen kann von dem Vollstreckungsgericht auch ohne Anhörung des Schuldners bewilligt werden.

§ 4. Die Verordnung tritt mit dem 1. Juli 1919 in Kraft.

---

[1]) Bezüglich der bis zum 1. Juli 1919 in Kraft gewesenen VO. s. Anh. S. 101.

I. Einleitung.

I.

1. Bei Ausbruch des Weltkrieges bestand zu einer Sondergesetzgebung hinsichtlich des Mietrechtes keine Veranlassung. Die Frage, inwieweit der Vermieter für die durch Kriegsereignisse hervorgerufene Unmöglichkeit der Überlassung der Mietssache in einem zu dem vertragsmäßigen Gebrauche geeigneten Zustand (§ 536 BGB.) dem Mieter zu haften habe oder in welchem Umfange aus einem solchen Anlaß der Mieter berechtigt sei, die Zahlung des Mietzinses zu verweigern, überließ man vollkommen der Rechtsprechung auf Grund der bestehenden bürgerlich-rechtlichen Normen (vgl. §§ 323 ff., 537 ff., 552 BGB.). Ob man im einzelnen z. B. bei dem Zuzugsverbote eines militärischen Befehlshabers, einem Tanzverbote, der Einschränkung der Polizeistunde, bei der Gefahr eines feindlichen Einfalles und der Flucht des Mieters usw. ein in der Person des Mieters liegendes Hindernis zur Ausübung des ihm zustehenden Gebrauchsrechtes erblicken konnte oder aber eine die Mietsache selbst ergreifende Unmöglichkeit der Ausübung dieses Rechtes und ob infolgedessen die Frage der Zinszahlungspflicht zu bejahen oder zu verneinen war, ließ sich nicht generell feststellen, sondern mußte jeweils der Beurteilung des einzelnen zur Entscheidung stehenden Falles überlassen werden (vgl. hiezu Mittelstein, Kriegseingriffe in Mietverhältnisse JW. 15 S. 1327, Mayer S. 21 ff., RGZ. Bd. 79 S. 95, 87 S. 277, 88 S. 96 ff.). Da die mietrechtlichen Sondervorschriften die Anwendung der allgemeinen Bestimmungen über Verträge nicht ausschließen (Staudinger § 537 I) und eine zeitweilige Unmöglichkeit zur Leistung dann einer dauernden gleichzusetzen ist, wenn sie nach Art und Dauer den Vertrag und seine Erfüllung wesentlich verändert

(Staudinger Bd. 2 S. 138), hat die Rechtsprechung den Grundsatz entwickelt, daß der Eintritt eines die Mietsache selbst auf Kriegsdauer ergreifenden Ereignisses den Mietvertrag nach §§ 323, 275 BGB. ganz zum Erlöschen bringe, wenn nicht abzusehen ist, wann die das Mietverhältnis berührende Maßnahme wieder aufgehoben wird und wenn der Sachlage nach anzunehmen ist, daß nach Ablauf dieser unbestimmten Zeit die Überlassung der Mietsache für den Mieter nicht mehr den vertraglich vorausgesetzten Wert besitzt (RGZ. Bd. 89 S. 203).

2. Der Gesetzgeber unterließ es ferner im Gegensatze zu anderen ausländischen Staaten, im Wege der Erlassung eines Moratoriums[1]) den Mieter zur gänzlichen oder teilweisen Nichtzahlung des Mietzinses während der Kriegszeit zu berechtigen, er begnügte sich vielmehr mit dem Erlaß einer BRBek. über die gerichtliche Bewilligung von Zahlungsfristen vom 7. August 1914 (RGBl. S. 359 ff.), durch welche dem ordentlichen Prozeßgerichte oder, wenn dieses eine Zahlungsfrist noch nicht zugebilligt hatte, das Vollstreckungsgericht (§ 5) in die Lage gesetzt wurde, auf Antrag eines Schuldners eine vor dem 31. Juli 1914 entstandene Geldforderung auf die Dauer von drei Monaten mit Wirkung von der Verkündung des Urteiles bzw. von der Bekanntmachung des Beschlusses (§ 5) zu stunden, wenn dies durch die Lage des Schuldners gerechtfertigt ist und die Zahlungsfrist dem Gläubiger nicht einen unverhältnismäßigen Nachteil bringt. Diese VO. bezog sich wie auf jede Geldforderung insbesondere auch auf Mietzinsansprüche und zwar auch dann, wenn die einzelnen Mietzinsraten erst nach dem 31. Juli 1914 fällig werden, wenn nur das zugrunde liegende Mietverhältnis vor diesem Zeitpunkt entstanden ist (Erl.-W. S. 131, Mayer S. 51, Recht 1915 S. 355[667]). Auch Mietzinsforderungen aus einem nach Ablauf der ursprünglichen Vertragsdauer mangels Kündigung auf Grund Vertrages oder auf Grund § 568 BGB. stillschweigend nach dem 31. Juli 1914 fortgesetzten Mietverhältnisse hat die herrschende Lehre als vor dem 31. Juli 1914 entstanden angesehen, da durch die still-

---

[1]) s. die systematische Darstellung bei Erl.-W. S. 393 ff.

[2]) Neugefaßt durch Bek. v. 20. Mai 1915, RGBl. S. 288 und geändert durch Bek. vom 8. Juni 1916, RGBl. S. 451.

schweigende Fortsetzung des Mietverhältnisses kein neuer Vertrag begründet wird (vgl. Staudinger § 568, V, Erl.-W. S. 132; a. M.: Mittelstein, DJurZ. 15 S. 195, Stern, Kriegsmieterecht S. 17). Wenn dagegen der Mieter nach dem 31. Juli 1914 die Mietsache beschädigt hat, so ist gegenüber der Geltendmachung des Schadensersatzanspruches die Gewährung einer Zahlungsfrist ausgeschlossen, mag auch das Mietverhältnis bereits vor dem 31. Juli 1914 entstanden sein, da der Schadensersatzanspruch selbständig nach diesem Zeitpunkt entstanden ist (Mayer S. 51).

Die ZahlungsfristVO. vom 7. August 1914 bezog sich sowohl auf Kriegsteilnehmer wie auf Nichtkriegsteilnehmer. Der hiedurch gewährte Schutz erwies sich für Kriegsteilnehmer, die aus dem Felde zurückkehrten und durch den Kriegsdienst wirtschaftlich häufig schwer geschädigt waren, als nicht genügend. Der Bundesrat schuf deshalb die weitere Bekanntmachung über die Bewilligung von Zahlungsfristen an Kriegsteilnehmer vom 8. Juni 1916, RGBl. S. 452, durch welche dem Gericht die Befugnis zugesprochen wurde, zugunsten eines Schuldners, der Kriegsteilnehmer ist oder gewesen ist, an Stelle der dreimonatlichen Zahlungsfrist eine solche von sechs Monaten zu bestimmen, wenn die wirtschaftliche Lage des Schuldners durch die Teilnahme am Kriege so wesentlich verschlechtert ist, daß sein Fortkommen gefährdet erscheint. Diese VO. ist zurzeit im Stadium der Demobilmachung von ganz besonderer Bedeutung, um so mehr als ihrem Schutze nicht nur Mietverhältnisse unterliegen, die bereits vor dem 31. Juli 1914 eingegangen wurden, sondern auch jedes vor oder während der Teilnahme des Mieters am Kriege entstandene (§ 1 Abs. II). Die Bewilligung der Zahlungsfrist kann hier anders als nach der VO. vom 7. August 1914 hinsichtlich eines fälligen Einzelanspruches mehrfach erfolgen und durch das Vollstreckungsgericht auch gewährt werden, wenn durch das Prozeßgericht eine Frist bereits bestimmt war (§ 2).

Die Wirkung der Bewilligung einer Zahlungsfrist ist in prozessualer Beziehung die, daß während ihrer Dauer jede Vollstreckungsmaßregel unzulässig ist und im Wege der Erinnerung nach § 766 ZPO. beseitigt werden kann, ferner daß eine bereits in Angriff genommene Zwangsvollstreckung für die Dauer der Frist einzustellen ist (§ 5 der VO., § 775 ZPO.). In materieller Hinsicht kommt der Fristbewilligung die Bedeutung einer vom Gläubiger gewährten Stundung gleich mit der Folge, daß z. B. für diese Zeit die Verzugswirkungen (§§ 284 ff. BGB.) ausgeschaltet sind. Dagegen bleiben für den Vermieter bestehende Sicherheiten, wie das gesetzliche Pfandrecht nach §§ 559 ff. BGB. unberührt (Mayer S. 52).

3. In die Rechte des Vermieters griff ferner die BRBek. über die Folgen der nicht rechtzeitigen Zahlung einer Geldforderung vom 18. August 1914 (RGBl. S. 377)[3]) ein. Hiedurch wurde dem Prozeßgericht in einem schwebenden oder noch nicht anhängigen Rechtsstreite auf Antrag des Mieters, bei einem bereits abgeschlossenen Verfahren auf Einwendung des Mieters gegen die Zulässigkeit der Vollstreckungsklausel (§ 732 ZPO.) die Befugnis eingeräumt, unter den gleichen Voraussetzungen wie nach den beiden ZahlFristVO. die gesetzlichen oder vertraglichen Rechtsfolgen der Nichtzahlung oder nicht rechtzeitigen Zahlung des Mietzinses (§ 554 BGB.) als nicht eingetreten zu erklären. Handelt es sich um einen Mieter, der Kriegsteilnehmer ist oder gewesen ist, so findet die Bek. ähnlich wie die Zahl.-FristVO. vom 8. Juni 1916 auch auf ein Mietverhältnis Anwendung, das erst nach dem 31. Juli 1914 oder während des Kriegsdienstes des Schuldners entstanden ist. An Stelle der gänzlichen Aufhebung kann natürlich als Minus auch die Hinausschiebung der Rechtsfolge um eine bestimmte Zeit angeordnet werden. Die VO. ist seit dem Erlaß der MSchVO. vom 26. Juli 1917 praktisch nahezu bedeutungslos, da der Mieter nunmehr in der Lage ist, zur Entscheidung über die Frage der Wirksamkeit einer Kündigung das EA. anzurufen und dieses auch über die Geltung einer außerordentlichen Kündigung (s. A. 4 zu § 2 MSchVO.) nach billigem Ermessen (§ 7 das.) beschließen kann.

4. Einen weiteren, lediglich prozessualen Schutz bot das Gesetz betr. den **Schutz der Kriegsteilnehmer** vom 4. August 1914 (RGBl. S. 328) und die BRBek. zum **Schutz** von Angehörigen **immobiler Truppenteile** vom 20. Juni

---

[3]) Bezüglich der Abänderungen s. Anm. 2.

1916, RGBl. S. 47). Durch das erstere Gesetz wurde zugunsten von mobilen Kriegsteilnehmern von einigen Ausnahmen abgesehen (§ 3) die Unterbrechung eines vor dem ordentlichen Gerichte schwebenden Verfahrens in einem bürgerlichen Rechtsstreite angeordnet (§ 2), durch die letztere VO. wurde auch zugunsten der immobilen Kriegsteilnehmer eine entsprechende Vergünstigung in der Weise geschaffen, daß auf Antrag das Gericht zur Aussetzung des Verfahrens verpflichtet sein sollte, wenn die Aussetzung nach den Umständen des Falles nicht offenbar unbillig ist. Zugunsten der mobilen Kriegsteilnehmer wurde überdies auch die Zwangsvollstreckung wegen privat- und öffentlich-rechtlicher Geldforderungen bestimmten Beschränkungen insbesondere durch den Ausschluß der Versteigerung gepfändeter beweglicher und beschlagnahmter unbeweglicher Sachen (§ 5 des Ges.) unterworfen.

Auf dem Gebiete des Mietrechtes sind diese KrTSch.-Bestimmungen vornehmlich von Bedeutung bei Mietzins- und Räumungsklagen. Die Unterbrechung eines solchen Verfahrens hat nur prozessuale Bedeutung und läßt die materiell-rechtlichen Beziehungen der Streitsteile völlig unberührt, insbesondere löst eine an sich gültige Kündigung trotz der Unterbrechung des Rechtsstreites über die Räumung alle zivilrechtlichen z. B. die Verzugswirkungen (§§ 284 ff. BGB.) aus. Erst die Schaffung der MSchVO. (s. unten II) verschaffte dem Richter auch den genügenden Einfluß auf die materiell-rechtliche Seite der Sache.

Das KrTSchGes. ist auch jetzt nach Abschluß des Waffenstillstandes und dem Beginn der Demobilisierung noch von praktischer Bedeutung insoferne, als es nicht bloß zur Anwendung kommt hinsichtlich mobiler oder gegen den Feind verwendeter Streitkräfte, sondern u. a. auch dann, wenn eine Partei als Kriegsgefangener oder Geisel sich in der Gewalt des Feindes befindet (§ 2 Z. 4 a. a. O.). Der Schutz des Kriegsteilnehmers währt bloß bis zu seiner Demobilisierung. Seinem weiteren Schutze gegen Vollstreckung, nicht mehr aber gegen Prozeßführung dient die Verordnung des Rates der Volksbeauftragten vom 14. Dezember 1918 (s. Anh. S. 101). Darnach kann gegen einen Kriegsteilnehmer (§ 2 VO.), gleichgültig, ob die Kriegsteilnehmerschaft ihr Ende mit dem Waffenstillstand oder schon früher erreichte, zwar ein die

Räumung einer Wohnung betreffender Rechtsstreit durchgeführt werden, ein gegen ihn erwirktes Räumungsurteil aber bis zum 1. Juli 1919 nur mit Bewilligung des Vollstreckungsgerichtes vollstreckt werden.

Die Frage, inwieweit der Anspruch auf Räumung der Wohnung bzw. die Vollstreckung eines Räumungsurteils gegen die Ehefrau eines Kriegsteilnehmers geltend gemacht werden kann, ist verschieden zu beantworten, je nachdem der Mietvertrag von beiden Ehegatten gemeinsam oder von einem der Ehegatten allein geschlossen ist.

Ist der Mietvertrag von der Ehefrau allein abgeschlossen, so ist zwar ein Räumungsurteil gegen sie möglich, die Vollstreckung ist aber dann ausgeschlossen, wenn es, wie beim Güterstand der Nutznießung und Verwaltung oder der allgemeinen Gütergemeinschaft noch eines besonderen Rechts- oder Duldungstitels gegen den Ehemann bedarf (§§ 739, 740 ZPO.).

Ist der Mietvertrag vom Ehemann allein abgeschlossen, so ist sowohl ein Räumungsurteil wie die Vollstreckung gegenüber der seine Wohnung teilenden Ehefrau ausgeschlossen, da die Frau lediglich Besitzdienerin ist (Staudinger § 985 II 2b).

Ist der Mietvertrag von beiden Ehegatten gemeinsam abgeschlossen, so ist das Räumungsurteil gegen die Ehefrau zulässig, soferne die Kündigung auch dem Ehemann gegenüber erklärt ist (Staudinger § 564 II 2e). Hinsichtlich der Vollstreckung eines solchen Urteils gilt das in den beiden vorhergehenden Absätzen Gesagte (im einzelnen vgl. hiezu Erl.-W. S. 295 und die dortigen zahlreichen Lit.-Angaben).

5. Eine das materielle Mietrecht ändernde Spezialbestimmung enthält die BRBek. über das Kündigungsrecht der Hinterbliebenen von Kriegsteilnehmern vom 7. Oktober 1915 (s. Anh. S. 100). Hiedurch wurde im Gegensatz zur herrschenden Lehre und Rechtsprechung (vgl. Staudinger § 569 III) § 569 BGB. (zit. S. 100 Fußnote) zum zwingenden Rechte insoferne erklärt, als sich der Vermieter gegenüber Hinterbliebenen eines Mieters auf eine abweichend von § 569 BGB. geregelte Kündigungsfrist nicht berufen kann, wenn der Mieter infolge seiner Teilnahme am Kriege gestorben ist (§ 1). § 569 wurde außerdem zwingend

auch zugunsten einer Ehefrau für anwendbar erklärt, sofern die Eheleute gemeinschaftlich gemietet haben und der Ehemann infolge seiner Teilnahme am Kriege gestorben ist (§ 2).

Die BRBek. ist im Gegensatz zur MSchVO. (s. unten II) eine echte MSchVO., da sie einseitig den Hinterbliebenen des Mieters Rechte einräumt, den Vermieter dagegen an eine von § 569 BGB. abweichende vertragliche Regelung gebunden bleiben läßt. Zu den „Kriegsteilnehmern" im Sinne dieser Verordnung zählen nicht nur die mobilisierten Kriegsteilnehmer nach dem KrTSchG., sondern alle diejenigen, die in gesetzlich erlaubter Weise irgendwie am Kriege teilgenommen haben, z. B. Soldaten, die mit der Bewachung von Gefangenen betraut sind oder Krankenpflegerinnen, die bei der Pflege von Verwundeten tödlich angesteckt werden. Dagegen genügt es nicht, daß der Mieter nur infolge des Krieges getötet wurde, z. B. als Privatperson einer im Kriegsgebiet herrschenden Seuche zum Opfer fiel.

Durch § 3 ist dem Vermieter ein Widerspruchsrecht gegen die Kündigung eingeräumt. Das Amtsgericht hat auf Anrufen nicht nur über die formelle Rechtswirksamkeit der Kündigung zu entscheiden, sondern auch darüber, ob die Ausübung der Kündigungsbefugnis sachlich gerechtfertigt ist. Insoferne stellt sich § 3 bereits als ein leiser Versuch dar, dem später in der MSchVO. vom 26. Juli 1917 zum Durchbruch gelangten Grundsatz der soziologischen Rechtsfindung zum Siege zu verhelfen. Ebenso wie nach § 7 I MSchVO. hat hier der Richter „die beiderseitig geltend gemachten Umstände in billiger Weise gegeneinander abzuwägen" und, wenn nach der Sachlage die vorzeitige Kündigung eine Härte für den Vermieter enthalten würde, die Kündigungsbefugnis der Hinterbliebenen des Mieters abzulehnen.

Die VO. ist auch jetzt nach Einstellung der Feindseligkeiten insoferne noch von Bedeutung, als erstens der maßgebende Termin für die Ausübung der Kündigungsbefugnis nicht der Zeitpunkt des Todes ist, sondern der oft sehr viel später liegende Zeitpunkt, zu dem der Erbe von dem Todesfall Kenntnis erlangt, und als zweitens der Tod infolge der Kriegsteilnehmerschaft möglicherweise erst lange Zeit nach Beendigung der Feindseligkeiten eintreten kann. Auf Pachtverhältnisse findet die VO. trotz § 581 II BGB. keine Anwendung (RGZ. Bd. 89 S. 116).

II.

1. Schon oben unter Ziff. 4 wurde angedeutet, daß die KrTSchGesetze lediglich einen prozessualen Schutz boten und die materiellen Rechtsbeziehungen zwischen Vermieter und Mieter nahezu unberührt ließen, daß also insbesondere die nach dem bürgerlichen Rechte ordnungsmäßig vorgenommene ordentliche oder außerordentliche Kündigung rechtswirksam blieb und bei Nichtbeachtung durch den Mieter diesen schadensersatzpflichtig machte. Die lange Dauer des Krieges und die im Verhältnis zum Wohnungsbedarf äußerst geringe Bautätigkeit brachte es allmählich mit sich, daß ein Mieter, dem ordnungsgemäß gekündigt worden war, eine andere Wohnung nur schwer finden konnte und es deshalb, vielleicht weil er die nicht unbeträchtlichen Umzugskosten scheute, vorzog, die alte Wohnung beizubehalten. Diese Wohnungsknappheit und die häufig schwächere wirtschaftliche Lage der Mieter veranlaßte nun die Hausbesitzer nicht selten, von dem Mieter einen übermäßigen Mietzins zu verlangen. Da hiegegen die bisherige Kriegsgesetzgebung keinen Schutz bot, erwies es sich nach und nach immer mehr als notwendig, ohne Rücksicht auf die Kriegsteilnehmerschaft der Mieter einen geeigneten Weg zu finden, um auch hier Wandel zu schaffen. Die Frage bildete auch öfters in den Jahren 1916/17 den Gegenstand lebhafter Reichstagsdebatten (vgl. StenBer. vom 22. Mai 1916 S. 1200 ff. und vom 9. Juli 1917 S. 3507, 3536 ff.), bis der Bundesrat am 26. Juli 1917 in Anlehnung an das österreichische Vorbild der VO. des dortigen Gesamtministeriums über den Mieterschutz vom 26. Jänner 1917[4]) die **Mieterschutzverordnung** erließ.

Der Gesetzgeber vermied es hiebei, die Kündigung oder Mietssteigerung allgemein zu verbieten, weil dies im Einzelfall eine ernste Schädigung des durch den Krieg ohnehin hart betroffenen Grundbesitzes zur Folge hätte (Begr. I). Die MSchVO. eröffnete vielmehr die Möglichkeit, daß eine un-

---

[4]) Vgl. den Kommentar hiezu von Dr. Moriz **Sternberg** und **Lesser** in JW. 1917 S. 839 ff.

parteiische Stelle auf Anrufen des Mieters über die Angemessenheit einer Kündigung des Vermieters und der von ihm beanspruchten Mietssteigerung entscheidet. Sie knüpft an die bereits auf Grund der BRBek. vom 15. Dezember 1914 (s. unten S. 89 ff.) bestehende Einrichtung der EA. an und überließ es den Landeszentralbehörden, entsprechend dem örtlichen Bedürfnis die EA. zur Erlassung von solchen auf der billigen Abwägung der Parteiinteressen beruhenden Entscheidungen zu ermächtigen. Sie brach für ihr Anwendungsgebiet mit dem Grundsatz, daß der Richter generell, ohne den Individualfall individuell behandeln zu dürfen, nach dem Gesetz entscheiden müsse, entsprechend dem Worte „perquam durum sed ita lex scripta" und bedeutet ein nicht geringes Zugeständnis an die Freirechtsschule, an die soziologische Rechtsfindung.[5])

§ 1 der MSchVO. vom 26. Juli 1917 überließ es den Landeszentralbehörden, die vielerorts schon auf Grund der VO. vom 15. Dezember 1914 bestehenden oder noch zu errichtenden EA. zu ermächtigen:

„1. auf Anrufen eines Mieters über die Wirksamkeit einer nach dem 1. Juni 1917 erfolgten Kündigung des Vermieters, über die Fortsetzung des gekündigten Mietverhältnisses und ihre Dauer sowie über eine Erhöhung des Mietzinses im Falle der Fortsetzung zu bestimmen,

2. auf Anrufen eines Vermieters einen mit einem neuen Mieter abgeschlossenen Mietvertrag, dessen Erfüllung von einer Entscheidung gemäß Nr. 1 betroffen wird, mit rückwirkender Kraft aufzuheben."

Die Entscheidung sollte unanfechtbar sein und nach billigem Ermessen von einem paritätisch mit Beisitzern aus dem Kreise der Mieter und Hausbesitzer sowie einem zum Richteramt oder höheren Verwaltungsdienst befähigten Vorsitzenden besetzten EA. erfolgen (§§ 3 und 4). Das Verfahren, das gebührenfrei war (§ 8), wurde durch eine Reichskanzlerbekanntmachung vom 26. Juli 1917, RGBl. S. 661 geregelt, es beruht im Gegensatz zum Zivilprozeß auf dem Offizialprinzip und gibt den EA. ähnlich wie bei den ordentlichen Gerichten die Möglichkeit, Beweis zu erheben, insbesondere

[5]) S. Staudinger Bd. I S. 29 und die dortigen Literaturangaben.

Zeugen und Sachverständige einzuvernehmen (§§ 6 nnd 7 RKBek.).

Die Neuregelung durch die MSchVO. ließ das sonstige Mieterschutzrecht, wie es sich aus den Ziff. I, 2—5 oben ergibt, völlig unberührt, insbesondere kam es auch den Kriegsteilnehmern zugute (Begr. I letzter Absatz) und gilt auch jetzt zugunsten der Demobilisierten neben der Sonderregelung durch die VO. der Volksbeauftragten vom 14. Dezember 1918. Dagegen ist das Verfahren nach der MSchVO. auch durchführbar, wenn eine Partei Kriegsteilnehmer im Sinne des KrTSchG. (z. B. Kriegsgefangener oder Geisel in Feindesgewalt) oder ein Demobilisierter ist, da die Unterbrechung des Verfahrens nur für ein vor dem ordentlichen Gerichte anhängigen bürgerlichen Rechtsstreit gilt (§ 2 KrTSchG.). Das EA. bestellt, wenn die Nichtdurchführung des Verfahrens offenbar der Billigkeit widersprechen würde, dem Kriegsteilnehmer in entsprechender Anwendung der BRBek. vom 14. Juni 1915 RGBl. 1917 betr. die Vertretung des Kriegsteilnehmers in bürgerlichen Rechtsstreitigkeiten einen Vertreter. Diese Ansicht wurde auch von dem Ausschuß der deutschen Miet- und HypothekenEA. auf dessen Tagung in Leipzig am 17. November 1917 auf eine Anfrage Rohdes hin vertreten.

2. Die MSchVO. erwies sich alsbald in der Praxis als lückenhaft und insbesondere mit Rücksicht auf die stetig zunehmende Wohnungsnot als unzulänglich. Der Anregung der Tagung der deutschen Miet- und HypothekenEA. in Frankfurt a. M. vom 5. August 1918 auf entsprechende Ergänzung der MSchVO. folgend, erließ deshalb der Bundesrat unterm 23. September 1918 eine neuerliche Bek. betr. Änderung der VO. zum Schutz der Mieter vom 26. Juli 1917 (RGBl. 1918 S. 1135), durch welche der bisherige Rechtszustand erheblich verbessert wurde (Art. I der Abänderungsbek.). Durch Art. 2 a. a. O. wurde der Reichskanzler ermächtigt, den Wortlaut der MSchVO. vom 26. Juli 1917, wie er sich mit den Änderungen ergab, unter der Überschrift „Bek. zum Schutze der Mieter“ mit fortlaufender Nummernfolge der Paragraphen im Reichsgesetzblatt bekanntzumachen. Von dieser Befugnis der Neuredaktion hat der Reichskanzler im RGBl. S. 1140 ff. (s. unten S. 14 ff.) Gebrauch gemacht.

Die Änderungen betrafen im wesentlichen folgende Punkte:

a) § 1 (jetzt § 2) ließ alle Mietverhältnisse unberücksichtigt, die, weil auf bestimmte Zeit abgeschlossen, ohne Kündigung abliefen. Um auch solche Verträge dem Mieterschutzrecht zu unterwerfen, wurde bei § 2 eine Ziffer 1b eingeschoben und eine entsprechende Änderung des § 2 (jetzt § 2 Abs. III) vorgenommen.

b) Die MSchVO. vom 26. Juli 1917 befaßte sich nur mit schon bestehenden Mietverhältnissen, ließ aber den neuen Mieter gegenüber wucherischer Ausbeutung des Vermieters schutzlos. Diese Lücke wurde durch § 5 ausgefüllt.

c) § 6 gab den Landeszentr.-Beh. das Recht, für Bezirke mit besonders großer Wohnungsnot die Rechtswirksamkeit der Kündigung des Vermieters von der Zustimmung des EA. abhängig zu machen. § 6 Ziff. 2 enthält eine entsprechende Vorschrift für Mietverhältnisse, die ohne Kündigung ablaufen.

d) Als bemerkenswerte Neuerung ist schließlich außer der Möglichkeit des Ersatzes der Erlaubniserteilung zur Aftermiete durch das EA. (§ 4 VO. mit § 549 BGB.) noch hervorzuheben die Einführung der Vollstreckbarkeit für Vergleiche, die vor dem EA. zustande kommen (§ 13).

Festgehalten wurde trotz verschiedentlich geäußerter Bedenken u. a. daran, daß der Antrag des Mieters an das EA. „unverzüglich" (s. Anm. 15 zu § 2) zu stellen sei, daß Rechtsmittel ausgeschlossen bleiben sollten und daß die Entscheidungen des EA. im Gegensatz zu den Vergleichen nicht vollstreckbar seien.

Über den weitergehenden Mieterschutz nach bayer. Recht, insbesondere durch die Anordnung, daß die Rechtswirksamkeit eines Mietvertrages von behördlicher Zustimmung abhängig sei s. VO. vom 29. April 1919 Anh. S. 120.

3. Die MSchVO. griff ausgleichend regelmäßig nur in einzelne Privatrechtsverhältnisse ein, ohne die Wohnungsnot durch Maßnahmen allgemeiner Natur zu lindern. Die Militärbefehlshaber hatten zwar im Laufe des Krieges auf Grund

des § 9 b preuß. BelZG. vom 4. Juni 1851 und des bayer. KrZG. vom 5. November 1912 für einzelne Orte ihres Bezirkes, an denen sich der Wohnungsmangel besonders fühlbar machte, Anordnungen z. B. über zentralisierte Anmeldung leerstehender Wohnungen, über die Nichtverwendbarkeit von Wohnungen für gewerbliche Zwecke usw. getroffen. Diese Sonderregelung der Materie für einzelne Bezirke hatte jedoch eine große Zersplitterung und eine damit verbundene Rechtsunsicherheit zur Folge. Es erwies sich deshalb die Aufstellung einheitlicher Rechtsgrundsätze als notwendig. Dies geschah gleichzeitig mit der Schaffung der Novelle zur Mieterschutzverordnung vom 23. September 1918 durch eine BRBek. über Maßnahmen gegen Wohnungsmangel vom gleichen Tage.[6])

Auch diese Bek. bildet wie die MSchVO. nur ein Rahmengesetz, sie beschränkt sich darauf, die Rechtsgrundlage für ein von einheitlichen Gesichtspunkten getragenes, jedoch den örtlichen Verhältnissen und Bedürfnissen angepaßtes Vorgehen der Gemeindebehörden zu schaffen und wo eine Entscheidung notwendig wird, die sachgemäße Erledigung sicher zu stellen (Begr. Abs. I).[7]) Die Bek. enthält im wesentlichen öffentlichrechtliche Vorschriften für Bezirke, die von der Landeszentralbehörde als Notstandsbezirke erklärt sind und zwar außer dem Verbot des Abbruches von Gebäuden, die zu Wohnzwecken benutzbar sind, und dem Zwang zur ausschließlichen Verwendung von Wohnräumen zu Wohnzwecken (§ 2) eine Vorschrift, durch welche der zur Verfügung über unbenützte Räume Berechtigte zu deren Anzeige bei einer gemeindlichen Stelle, zur diesbezüglichen Erteilung von Auskünften und zur Gestattung der Besichtigung der Wohnräume durch Beauftragte der Gemeindebehörde verpflichtet ist (§ 3). Die Bek. räumt ferner den EA. die Befugnis zur Festsetzung eines Zwangsmietvertrages bezüglich unbenutzter Wohnräume (§ 4) und unbenutzter Geschäfts- und Büroräume (§ 5) zugunsten von Wohnungssuchenden ein.

Auch hier erfolgt die unanfechtbare Entscheidung des EA. nach billigem Ermessen (§ 6) und es gelten hinsichtlich

---

[6]) S. unten S. 78 ff.

[7]) Reichsanzeiger Nr. 228 vom 26. September 1918.

der Gebührenfreiheit des Verfahrens, die Besetzung des EA.s und der sonstigen Verfahrensvorschriften ähnliche Bestimmungen wie in dem Verfahren nach der MSchVO. (§ 7).

Von der Befugnis des § 9, beim Auftreten außergewöhnlicher Mißstände auf dem Wohnungsmarkt weitergehende den Rahmen der Bek. überschreitende Maßnahmen zu treffen, hat weder Preußen noch Bayern Gebrauch gemacht. Dagegen hat die Regierung des Volksstaates Bayern und der bayer. Demobilmachungskommissar derartige weitergehende Vorschriften auf Grund der BRBek. über die wirtschaftliche Demobilmachung vom 7. November 1918, RGBl. S. 1292 und späterhin auf Grund des bayerischen Gesetzes vom 28. März 1919, die Ermächtigung der Regierung zu gesetzgeberischen Maßnahmen betreffend (s. Anh. S. 118 ff.) erlassen.[8]) Diese Sondervorschriften bleiben von der Regelung auf Grund der BRBek. vom 23. September 1918 in ihrer Wirksamkeit ebenso unberührt wie die von Militärbefehlshabern für bestimmte Notstandsbezirke auf Grund des preuß. BelZG. und des bayer. KrZG. erlassenen weitergehenden Anordnungen.

---

[8]) S. hierüber die Anm. zu den einzelnen Paragraphen der BRBek. über Maßnahmen gegen Wohnungsmangel unten S. 78 ff.

II. Gesetzeserläuterungen.

A. Bekanntmachung zum Schutze der Mieter vom 23. September 1918.

(RGBl. S. 1140 ff.)

Der Bundesrat hat auf Grund des § 3 des Ges. über die Ermächtigung des Bundesrats zu wirtschaftlichen Maßnahmen usw. vom 4. Aug. 1914 (RGBl. S. 327) folgende Verordnung erlassen:

§ 1.

Ist im Bezirk einer Gemeindebehörde ein Einigungsamt errichtet (§ 1 der Verordnung betreffend Einigungsämter vom 15. Dezember 1914, RGBl. S. 511),[1] so kann die Landeszentralbehörde[2] das Einigungsamt zu den in den §§ 2 bis 4 vorgesehenen Entscheidungen[3] ermächtigen.[4]

Die Erteilung der Ermächtigung ist von der Gemeindebehörde in ortsüblicher Weise bekannt zu machen.[5]

1. Nach der VO. vom 15. Dezember 1914 (s. unten S. 89 ff.) konnte die Landeszentralbehörde die im Bezirke einer Gemeindebehörde bestehenden kommunalen oder gemeinnützigen Anstalten (EA.) nur mit der Befugnis ausstatten, die Parteien unter Androhung einer Ordnungsstrafe zum Erscheinen und zur Erteilung von Auskünften zu zwingen, die für die Ermittlung des strittigen Sachverhalts erheblich waren (§ 2 das.). Darüber hinaus konnte die Landeszentralbehörde die EA. nicht zur Fällung von Entscheidungen über ein strittiges Rechtsverhältnis ermächtigen. Die Zuständigkeit der EA. blieb vielmehr auf eine reine Vermittlungstätigkeit zum Zweck des gütlichen Ausgleiches der Interessen von Mietern und Vermietern, von Hypothekenschuldnern und -gläubigern beschränkt. Daneben fungierten die EA. auf Ersuchen des ordentlichen Gerichtes als gutachtliche Stelle in bestimmten hypotheken- und mietrechtlichen Streitigkeiten (§ 4 EAVO.).

Die Errichtung von EA. nach der VO. vom 15. Dezember 1914 erfolgte in Preußen auf Grund der min. AusfVO. vom 17. Dezember 1914 (s. unten S. 102), in Bayern auf Grund der Bek. der Staatsmin. der Justiz und des Innern vom 31. Dez. 1914 Ziff. 1. Alle diese EA., die nach diesen MinVorschriften als EA. nach der VO. vom 15. Dezember 1914 zur Entstehung gelangt sind, können auch zu den in §§ 2—4 MSchVO. vorgesehenen Entscheidungen ermächtigt werden.

Über die Ausübung von Zwang zur Errichtung eines EA. s. § 10.

2. Landeszentralbehörde ist in Preußen der Staatskommissar für das Wohnungswesen (Kgl. Kab.-Order vom 17. Mai 1918), in Bayern das Min. des Innern (MinBek. vom 20. August 1917, s. unten S. 108), bei denen die Gemeindebehörden den Antrag auf Ermächtigung zu stellen haben. Über den Inhalt des Antrages und die beizulegenden Schriftstücke s. für Preußen die zit. AusfVO. vom 17. Dezember 1914 und den Erlaß des Staatskommissars vom 24. September 1918 Abs. 4 und 5 (s. unten S. 104), für Bayern MinBek. vom 20. August 1917 Ziff. 3. Von dem nach § 12 den Landeszentralbehörden zustehenden Rechte der Übertragung ihrer Befugnisse an eine andere Behörde hat hinsichtlich § 1 weder Preußen noch Bayern bisher Gebrauch gemacht.

3. Sind einem EA. oder einer anderen Stelle (§ 11 I) die im § 1 der MSchVO. vom 26. Juli 1917 = § 2 der VO. vom 23. Sept. 1918 vorgesehenen Befugnisse übertragen, so gilt das EA. oder die Stelle als zu den in §§ 2 bis 4 bezeichneten Entscheidungen kraft Gesetzes ermächtigt, ohne daß es noch eines besonderen Übertragungsaktes der Landeszentralbehörde bedarf (Art. III der am 23. September 1918 ergangenen Bek. betr. Änderung der MSchVO. vom 26. Juli 1917). Bezüglich der durch die Landeszentralbehörde den EA. besonders zu erteilenden Ermächtigung nach § 5 Ziff. 2 und § 6 s. die dortigen Anm.

Die auf Grund der VO. vom 15. Dezember 1914 errichteten EA. sind außerdem auch zuständig als Schiedsgerichte gemäß § 37 des Kohlensteuergesetzes vom 8. April 1917, RGBl. S. 348, der folgendermaßen lautet:

> Soweit beim Inkrafttreten dieses Gesetzes Verträge über Lieferung von elektrischer Arbeit, Gas, Wasser, Heizung oder Dampfkraft oder Preisvereinbarungen über derartige Leistungen bestehen, ist der Lieferer berechtigt, einen Zuschlag zum Preis zu verlangen, welcher der ihm durch die Kohlensteuer verursachten Erhöhung der Herstellungs-, Betriebs- oder Bezugskosten entspricht. Der Bundesrat ist ermächtigt, die Entscheidung entstehender Streitigkeiten Schiedsgerichten zuzuweisen.

Die Zuweisung derartiger Streitigkeiten zur Entscheidung an die EA. ist erfolgt durch die AusfBest. des Bundesrats § 74 (Zentralbl. d. Deutschen Reiches 1917 S. 179).

Die LandeszentralBeh. ist ferner befugt, das EA. mit den Aufgaben einer Schiedsstelle nach der BBek. über Sammelheizungs- und Warmwasserversorgungsanlagen in Mieträumen vom 2. November 1917, RGBl. S. 989 in der Fassung vom 1. August 1918, RGBl. S. 991, zu betrauen. In Bayern ist dies geschehen durch die Bek. der Staatsmin. der Justiz und des Innern vom 26. November 1917 (Bayer. Staatsanz. Nr. 277; s. auch BayZfR. 1917 S. 396 ff.). Danach können die EA. darüber entscheiden (§ 2),

a) in welcher Weise ein Vermieter die Menge von Heizstoffen, die er nach Anordnung der zuständigen Behörde verwenden darf, auf bestimmte Zeiträume (Monate, Wochen, Tage) zu verteilen und in welchem Umfange er die Sammelheizungs- und Warmwasserversorgungsanlagen der Mieträume in Betrieb zu halten hat,

b) ob und in welcher Höhe der Mieter einen Anspruch auf Minderung des Mietzinses oder der besonderen Vergütung für die Heizung oder Warmwasserversorgung geltend machen kann (§ 537 BGB.), wenn die durch Anordnung der zuständigen Behörde oder durch Entscheidung der Schiedsstelle (a) festgesetzten Leistungen des Vermieters an Heizung der Mieträume und Lieferung von warmem Wasser hinter dem vertragsmäßigen Umfang dieser Leistungen zurückbleiben,

c) ob der Mieter, wenn die Voraussetzungen unter b vorliegen, berechtigt ist, das Mietverhältnis ohne Einhaltung einer Kündigungsfrist zu kündigen (§ 542 BGB.).

über die Zuständigkeit der EA. zu Entscheidungen auf Grund der BBek. über Maßnahmen gegen Wohnungsmangel vom 23. September 1918 s. unten S. 78.

4. Ob und in welchem Umfange die LandeszentralBeh. von der Befugnis Gebrauch macht, liegt in ihrem Ermessen. Die Ermächtigung kann allgemein oder unter Einschränkungen z. B. unter Begrenzung auf kleinere Wohnungen, auf Wohnungen bis zu einem bestimmten Mietertrag oder auf Wohnungen in bestimmten Ortsteilen erteilt werden (Begr. I). Weder Preußen noch Bayern haben in dieser Beziehung das Tätigkeitsfeld der EA. eingeschränkt, der preuß. Staatskommissar hat im Gegenteil in seinem AusfErlaß vom 24. September 1918 Abs. 4 ausdrücklich betont, daß er nach den gemachten Erfahrungen eine Beschränkung auf nach Größe oder Mietzins bestimmte Wohnungsgruppen regelmäßig nicht zulassen werde. Für Bayern s. die MinBek. vom 29. September 1917, KrBeil. zum MinBl. S. 859, I. Eine Ausdehnung des durch Reichsrecht erschöpfend geregelten Aufgabenkreises der EA. ist durch die LandeszentralBeh. nicht möglich; die Ermächtigung zu anderen als den in §§ 2—5 aufgezählten Entscheidungen, z. B. über das Bestehen eines Vermieterpfandrechtes oder eines Schadensersatzanspruches des Vermieters nach § 538 BGB. ist deshalb ausgeschlossen.

Die Ermächtigung ist jederzeit widerruflich (Begr. I). Ihr Mangel hat zur Folge, daß der Spruch eines EA. überhaupt nicht vorliegt, also weder Rechtskraftwirkung erzeugt noch den bisherigen Vertrag der Streitsteile in seinem Inhalt berührt (§ 7 II).

5. Die ortsübliche Bekanntmachung der Ermächtigung, z. B. durch Veröffentlichung im Amtsblatt oder Anschlag an der Gemeindetafel, ist wie die Ermächtigung selbst Voraussetzung für deren Wirksamkeit, da es sich um eine für und gegen jedermann mit Gesetzeskraft ausgestattete Rechtsverordnung handelt (Laband, Staatsrecht des Deutschen Reiches 5. Aufl. II S. 108 ff.). Durch die Ermächtigung und ihre ortsübliche Bekanntmachung entsteht nicht nur gegenüber dem ordentlichen Gerichte vom prozessualen Standpunkt aus die sachliche Zuständigkeit (s. Anm. 2 zu § 11), sondern vom staatsrechtlichen Standpunkt aus auch erst die Verleihung der Gerichtsbarkeit. Über die Folgen des Fehlens derselben s. Anm. 3a zu § 7.

§ 2 (§ 1).

I. Das Einigungsamt kann [1]

1. auf Anrufen eines Mieters [2]
   a) über die Wirksamkeit [3] einer Kündigung [4] des Vermieters und über die Fortsetzung des gekündigten Mietverhältnisses [5], **jeweils bis zur Dauer eines Jahres** [6] **bestimmen,**
   b) **ein ohne Kündigung ablaufendes Mietverhältnis jeweils bis zur Dauer eines Jahres verlängern;** [7]
2. auf Anrufen eines Vermieters [8] einen mit einem neuen Mieter abgeschlossenen Mietvertrag, [9] dessen Erfüllung von einer Entscheidung gemäß Nr. 1 **oder von einem vor dem Einigungsamte geschlossenen Vergleiche** [10] betroffen [11] wird, mit rückwirkender Kraft aufheben. [12]

II. Bestimmt in den Fällen des Abs. 1 Nr. 1 das Einigungsamt die Fortsetzung oder Verlängerung des Mietverhältnisses, so **kann es dem Mieter neue Verpflichtungen auferlegen,** insbesondere den Mietzins erhöhen. [13]

III. Der Antrag [14] des Mieters, über die Wirksamkeit der Kündigung des Vermieters zu entscheiden (Abs. 1 Nr. 1a), ist unverzüglich, [15] nachdem die Kündigung ihm zugegangen ist, [16] zu stellen. **Der Antrag, ein ohne Kündigung ablaufendes Mietverhältnis zu verlängern (Abs. 1 Nr. 1b), ist so frühzeitig** [17] **zu stellen, wie es von dem Mieter unter Berücksichtigung der Interessen des Vermieters verlangt werden kann.** Der Antrag kann in beiden Fällen nicht mehr gestellt werden, wenn die Mietzeit abgelaufen ist oder die Parteien die Fortsetzung des Mietverhältnisses vereinbart haben.[18]

1. Die sachliche Zuständigkeit des EA. erstreckt sich
a) auf Entscheidungen über die Wirksamkeit einer Kündigung des Vermieters und über die Fortsetzung des gekündigten Mietverhältnisses. Hinsichtlich anderer das bestehende Mietverhältnis betreffender Streitigkeiten bleibt die Zuständigkeit der ordentlichen Gerichte bestehen.*) Das EA. hat darnach nicht zu entscheiden z. B. über die Klagen des Mieters auf vertragsmäßige und fehlerfreie Überlassung oder auf Schadensersatz wegen Nichtgewährung der Mietsache (§§ 536, 538, 323 ff. BGB.). Hiedurch ist jedoch nicht ausgeschlossen, daß in einem Streite über die Wirksamkeit der Kündigung inzidenter über einen Einwand des Vermieters entschieden werden muß, der bei selbständiger Klagestellung nicht zur Zuständigkeit der EA. gehören würde, z. B. wenn der Vermieter behauptet, der Mieter befinde sich mit der Mietzinszahlung im Verzug und der Mieter seine Verbindlichkeit unter Hinweis auf die Befreiungsvorschrift des § 537 BGB. bestreitet,
b) mit Rücksicht auf den Zweck der VO., nicht so sehr die Wirksamkeit einer Kündigung der Nachprüfung unterziehen zu lassen als die Frage, ob ein bisher bestehendes Mietverhältnis fortgesetzt werden soll, auch auf die Verlängerung eines auf bestimmte Dauer abgeschlossenen Mietverhältnisses,
c) auf die Aufhebung eines neuen Mietvertrages, wenn dieser von der Erledigung eines Falles unter a und b betroffen wird,
d) auf die in §§ 3—6 behandelten Fälle und
e) auf die in Anm. 3 zu § 1 zit. Fälle außerhalb der MSchVO.

2. Voraussetzung ist ein Antrag des Mieters. Auf Anrufen des Vermieters wird das EA. nur tätig in Bezirken, in welchen gemäß § 6 die Wirksamkeit der Kündigung von der vorherigen Zustimmung des EA. abhängig gemacht ist. In andern Fällen der Kündigung kann der Vermieter nur das ordentliche Gericht anrufen und zwar sowohl da, wo es sich um die Wirksamkeit seiner eigenen Kündigung wie um die des Mieters, z. B. nach § 542 BGB. oder nach der BBek. vom 7. Oktober 1915 (s. unten S. 100), handelt.

3. Entscheidung über die Wirksamkeit bedeutet nicht nur Entscheidung dahin, daß eine Kündigung aus sozialen Gründen trotz ihrer privatrechtlichen Gültigkeit unwirksam sei, sondern auch Entscheidung gemäß dem Privatrecht, mit a. W. das EA. kann eine Kündigung, ohne auf einen Spruch aus reinen Billigkeitserwägungen angewiesen zu sein, z. B. aus dem Grunde für unwirksam erklären, weil die Kündigung verspätet war oder weil sie nicht von der hiezu berechtigten Person ausgegangen oder weil sie an eine unrichtige Adresse gelangt ist. Der gegenteilige Stand-

*) Über die Zuständigkeit der Ortspolizeibehörden in Bayern bei Streitigkeiten anläßlich der Wohnungsrationierung s. Anh. S. 107 ff.

punkt, in letzterem Falle liege die Entscheidung in den Händen des ordentlichen Gerichtes (so Mittelstein JW. 1917 S. 796; Lesser JW. 1918 S. 762, 922; MEA. Hamburg in JW. 1917 S. 984) ist bei der allgemeinen Fassung der Bestimmung abzulehnen (ebenso Oertmann JW. 1917 S. 958 Ziff. 5; Pfeifenberger S. 25). Daraus folgt jedoch nicht, daß das EA. immer erst gezwungen wäre, die Kündigung auf ihre Rechtsgültigkeit zu prüfen, es kann vielmehr die Austragung dieser oft schwierigen, einen langwierigen Beweis erfordernden Rechtsfrage unentschieden lassen und ohne Rücksicht auf das geltende Privatrecht aus Billigkeitsgründen entscheiden (MEA. Hamburg a. a. O.; Kopp in JW. 1918 S. 215 und Stern S. 14).

4. Kündigung ist die einseitige, an eine Form nicht gebundene, empfangsbedürftige Willenserklärung des Vermieters, es solle das Mietverhältnis für die Zukunft aufgelöst sein. Die Kündigung braucht nicht ausdrücklich als solche erklärt zu sein, sie kann auch in konkludenten Handlungen, insbesondere in einer Räumungsklage enthalten sein (Staudinger § 564 II 2 a). Auch die bedingte Kündigung, die nach bürgerlichem Rechte allgemein als rechtsunwirksam erklärt wird (Mittelstein S. 417/8), muß nach dem Zwecke der MSchVO., den Mieter gegen jede ihm drohende Gefahr des Verlustes seines Mietrechtes zu schützen, als Kündigung im Sinne der MSchVO. angesehen werden (Mittelstein JW. 1917 S. 795). Auf das Motiv der Kündigung kommt es nicht an, insbesondere braucht sie nicht mit der Nichtannahme einer übermäßigen Mietsteigerung*) im Zusammenhang zu stehen (Mittelstein JW. 1917 S. 921 ff.; MEA. Charlottenburg JW. 1918 S. 72; LG. III Berlin in JW. 1918 S. 573). Der gegenteiligen, zu Unrecht aus der Befugnis des EA. zur Mieterhöhung geschlossenen, früher von verschiedener Seite vertretenen Ansicht (s. Oertmann in JW. 1917 S. 956; LG. II Berlin in Bl. für Rechtspflege im Bez. des KG. Bd. 18 Heft 3 und Stern [1. Aufl.] S. 9) dürfte durch die Novelle vom 23. September 1918 die Grundlage entzogen sein, da Abs. 2 jetzt die Befugnis zur Mietzinserhöhung ausdrücklich nur mehr beispielsweise („insbesondere") aufzählt und die Begr. II überdies noch besonders hervorhebt, eine Beschränkung auf Kündigungen, die nur zum Zwecke der Mietsteigerung erfolgen, sei mit Wortlaut und Zweck der Vorschrift nicht zu vereinen. Das EA. hat deshalb tätig zu werden, gleichgültig ob es sich um eine ordentliche Kündigung unter Einhaltung der vertraglichen oder gesetzlichen Frist (§ 565 BGB.) oder um die außerordentliche unbefristete Kündigung wegen unpünktlicher Zinszahlung (§ 554 BGB.) oder wegen Mißbrauchs der Mieträume (§ 553 BGB.) oder um eine Kündigung aus einem anderen Grunde handelt, z. B. weil der Vermieter die Räume für sich oder seine Familie benötigt (MEA. Charlottenburg JW. 1918 S. 575).

*) Die Mietzinserhöhung als solche ist in Bayern auch ohne Kündigung an behördliche Zustimmung geknüpft (Anh. S. 118).

Eine Beendigung des Mietverhältnisses durch Kündigung und mithin die Zuständigkeit des EA. ist nicht gegeben, wenn die Nichtgewährung der Mietsache beruht auf Unmöglichkeit der Leistung, z. B. bei Untergang der Mietsache oder aus den öffentlichen Gründen der Enteignung (Mittelstein S. 403) und der Inanspruchnahme auf Grund des Quartier- oder Kriegsleistungsgesetzes (Mittelstein S. 281). Etwaige Schadensersatzansprüche gegenüber dem Vermieter oder einer öffentlichrechtlichen Körperschaft (Reich, Gemeinde) kann der Mieter beim ordentlichen Gericht oder in einem nach den angeführten Gesetzen besonderen Verfahren geltend machen. Über die Beendigung durch Zeitablauf oder auf andere Weise s. Anm. 7.

5. Mietverhältnis ist hier (s. dagegen Anm. 9) lediglich die auf Grund eines schuldrechtlichen Vertrages eingeräumte zeitweise Gewährung des Gebrauches einer Sache (§ 535 BGB.). Es scheidet deshalb hier aus das Pachtverhältnis, das außer dem Gebrauch des Pachtobjektes auch den Genuß der Früchte desselben zum Gegenstand hat (§ 581 I BGB.), ferner partiarische Verträge, d. h. Verträge, bei denen das Benützungsrecht nur gewährt wird gegen einen gewissen Anteil am Gewinn einer bestimmten Tätigkeit des Mieters, dann, wenn wegen des gemeinschaftlichen Wirkens der beiden Kontrahenten das Verhältnis nicht mehr den Charakter der Miete, sondern der Gesellschaft (§ 705 BGB.) hat. Das gleiche gilt bei Überlassung von Wohnräumen gegen Dienstleistungen, z. B. bei dem Vertragsverhältnis eines Hausmeisters; auch hier kommt es wie bei allen gemischten Verträgen darauf an, ob die Gebrauchsüberlassung der Räume das wesentliche gegenüber dem Entgelt „Dienstleistung" ist oder umgekehrt und ob nicht überhaupt gleich wesentliche, selbständige, nur äußerlich im Zusammenhang stehende Verträge vorliegen (s. Staudinger § 535 B I 30). Nicht zuständig ist ferner das EA. bei allen Entscheidungen über die Überlassung eines Gegenstandes auf Grund eines dinglichen und jedes sonstigen nicht auf einem obligatorischen Vertrag beruhenden Rechtes, z. B. auf Grund eines Wohnungsrechtes nach §§ 1093, 1969 BGB., Art. 63 EG. BGB. Unanwendbar ist die VO. auch auf die Überlassung einer Dienstwohnung, die dem Angestellten als Teil seines Gehaltes im Interesse des Dienstes zur Verfügung gestellt wird, gleichgültig ob es sich dabei um ein öffentlichrechtliches oder ein privatrechtliches Anstellungsverhältnis handelt (Mittelstein S. 38). Für Mietwohnungen dagegen, die der Arbeitgeber an Orten, an denen es an geeigneten Privatwohnungen fehlt oder solche nur mangelhaft zur Verfügung stehen, im Interesse des Angestellten gegen Mietzins zur Verfügung stellt, gilt die VO., da hier ein echtes Mietverhältnis vorliegt (s. Reindl, Bayer. BeamtenG. S. 240 ff.).

Eine Einschränkung gegenüber dem gewöhnlichen Privatrecht ist insoferne zu machen, als die VO. sich ihrer Entstehungsgeschichte und ihrem Zwecke nach nur auf Räume in Gebäuden (§ 580 BGB.) bezieht, nicht auch auf bewegliche Sachen.*) Da-

---

*) S. jedoch die bayer. Bek. betr. Schutz der Mieter von Musikinstrumenten (Staatsanz. 1919 Nr. 73).

gegen wird man auf das Begriffsmerkmal „Entgelt“ kein Gewicht legen dürfen, da das gleiche Schutzbedürfnis sich auch bei Personen zeigt, die Räume ohne Entgelt in Form der „Leihe“ inne haben (man denke an die kostenlose Überlassung von Wohnräumen an nahe Verwandte, denen wegen plötzlicher Zwistigkeiten gekündigt wird; a. M. Stern S. 10). Nicht erforderlich ist, daß sich die Kündigung gerade auf einen Wohnraum bezieht, auch die Miete von Geschäfts-, Fabrik- und Büroräumen wird häufig in gleicher Weise schutzbedürftig sein (Oertmann JW. 1917 S. 957). Die VO. ist auch auf Untermietverhältnisse anwendbar, gleichgültig ob es sich um leerstehende oder eingerichtete Räume handelt.

6. Nach der BBek. vom 26. Juli 1917 konnte das EA. das Mietverhältnis auf unbestimmte und auf eine längere Zeit als ein Jahr, z. B. auf Kriegsdauer, verlängern. Die Novelle vom 23. September 1918 hat dieser Befugnis die Höchstgrenze eines Jahres gesetzt und zwar selbst dann, wenn der Vertrag ohne die Kündigung noch für eine längere Zeit als ein weiteres Jahr gelaufen wäre (Begr. II). Für den Beginn des Jahres ist weder der Zeitpunkt des Antrages noch der der Entscheidung maßgebend, sondern der Tag, von welchem ab nach der Erklärung des Vermieters das Mietverhältnis gekündigt sein soll. Es ist zweckmäßig, die Dauer der Fortsetzung innerhalb des gesetzlichen Rahmens genau festzusetzen, da sonst der Vermieter in der Lage ist, ohne den Nachweis einer veränderten Sachlage schon nach einem Viertel- oder halben Jahr erneut zu kündigen. Selbst wenn die Fortsetzung ausdrücklich auf ein Jahr oder eine bestimmt bezeichnete kürzere Zeit angeordnet ist, bleibt es dem Vermieter unbenommen, außerordentlich z. B. wegen Mißbrauchs der Mietssache oder Nichtzahlung des Mietzinses zu kündigen. Die Anordnung der Fortsetzung des Mietverhältnisses bedeutet nicht den Abschluß eines neuen, sondern den Fortbestand des alten Mietvertrages (RGKomm. § 568, 1; a. M. Mittelstein S. 470), was z. B. für die Frage des Weiterbestehens einer Bürgschaftsverpflichtung (§ 767 I S. 3 BGB.) von Wichtigkeit ist. Hat das EA. die Dauer der Fortsetzung ausdrücklich bestimmt, so liegt für die Zukunft ein Fall der Ziff. 1, b vor (s. Anm. 7, ebenso Stern S. 15 im Gegensatz zu Rohde S. 33); der Mieter kann das EA. erneut („jeweils“) anrufen. Die zu bejahende Frage, ob die Verlängerung durch das EA. auf mehr als ein Jahr die Schriftform des § 566 BGB. überflüssig macht (Goldmann und Wurzmann in JW. 1917 S. 895 gegen Tauber in JW. 1917 S. 809), ist durch die Neufassung der VO. gegenstandslos geworden; verlängert das EA. zu Unrecht das Mietverhältnis um mehr als ein Jahr, so macht dies nicht etwa den Spruch nichtig, es gilt vielmehr § 566 S. 2 BGB. entsprechend, der Vermieter kann also nach Ablauf des Jahres trotz des fehlerhaften Spruches unter Einhaltung der gesetzlichen Kündigungsfrist kündigen (ebenso Stern S. 16).

7. Ziff. 1 b wurde durch die Nov. vom 23. September 1918 hinzugefügt, weil es als Gesetzeslücke empfunden wurde, daß

Mietverhältnisse, die ohne Kündigung ablaufen, nicht den durch die VO. gewährten Schutz genießen sollten. Die Verlängerung durch das EA. kann nicht nur eintreten bei Mietverhältnissen, die durch Vertrag auf eine bestimmte Zeit eingegangen wurden (§ 564 I BGB.), sondern auch bei solchen, die auflösend bedingt sind oder durch Ausübung eines Rücktrittsrechtes (§ 346 ff. BGB.) beendigt werden oder die nach einer Entscheidung des EA. als auf bestimmte Zeit verlängert gelten (Ziff. 1 a). Hinsichtlich des Begriffes „Mietverhältnis" s. Anm. 5. Auch hier kann die Verlängerung nur bis zu höchstens einem Jahr erfolgen (s. Anm. 6). Bezüglich der Frist, binnen deren vor Ablauf des Mietvertrages das EA. anzurufen ist s. Abs. 3 Satz 2.

8. Für den Vermieter, der die gekündigte Wohnung bereits anderweitig vermietet hat, können sich aus der Anordnung des EA. Ziff. 1 Rechtsnachteile gegenüber dem neuen Mieter insoferne ergeben, als nach den zivilrechtlichen Grundsätzen über die Haftung für ein anfängliches Unvermögen zur Erfüllung der Leistung (s. Staudinger Bd. 2 S. 137 ff.) die Pflicht zur Überlassung der Räume an den neuen Mieter an sich von dem Spruch des EA. unberührt bleiben und jedenfalls einen Schadensersatzanspruch des neuen Mieters erzeugen würde. Um den Vermieter hiegegen zu schützen, sieht die VO. die Möglichkeit vor, den neuen Vertrag zur Auflösung zu bringen (Begr. I). Zur Anrufung des EA. ist nur der Vermieter aktiv legitimiert, nicht auch der neue Mieter, der aber nach § 4 RKBek. als rechtlich interessiert zur Verhandlung zugelassen werden kann.

9. Die enge Auslegung des Begriffes „Mietvertrag" wie in Ziff. 1 (s. Anm. 5) kann hier nicht Platz greifen, da der Vermieter nach dem Zwecke der Vorschrift gegen die Haftung wegen jeder Neuüberlassung der Mietsache an einen Dritten in Schutz genommen werden soll. Es kann deshalb auch ein Pachtverhältnis aufgehoben werden (a. M. Pfeiffenberger Anm. 10 b). Dies gilt auch für die Überlassung auf Grund eines dem Dritten bestellten dinglichen Rechtes; in diesem Falle kann der Vermieter die Löschung des bereits im Grundbuch eingetragenen dinglichen Rechtes im Wege der Berichtigungsklage nach § 894 BGB. beim ordentlichen Gericht herbeiführen.

10. Die Worte „oder von einem vor dem EA. geschlossenen Vergleich" wurden durch die Nov. eingeschaltet, weil die frühere Fassung Anlaß zu dem Zweifel gab, ob als Entscheidung im Sinne der Ziff. 2 auch ein Vergleich anzusehen sei (dafür Pfeiffenberger S. 32, dagegen Levin in DJZ. 1917 S. 42, Stern 1. Aufl. S. 14) und weil entgegen dem Willen des Gesetzgebers (§ 4 II RKBek.) ein Vergleich häufig daran scheiterte, daß der Vermieter, um nicht die Wohltat der Ziff. 2 entbehren zu müssen, es auf eine Entscheidung des EA. ankommen lassen mußte. Ein außergerichtlicher oder vor dem ordentlichen Gericht zustande gekommener Vergleich genügt nicht.

11. Der neue Mietvertrag muß von einer Entscheidung nach Ziff. 1 oder einem Vergleich betroffen sein, d. h. diese müssen die ausschlaggebende Ursache dafür bilden, daß der Vermieter nicht mehr in der Lage ist, den mit dem neuen Mieter eingegangenen Mietvertrag zu erfüllen. Fehlt dieser adäquate Kausalzusammenhang (s. Staudinger Bd. 2 S. 52 ff.), müßte insbesondere der Vermieter dem neuen Mieter auch ohne Vorliegen einer Entscheidung nach Ziff. 1 wegen eines von ihm zu vertretenden Umstandes der Leistungsunmöglichkeit haften (§§ 275, 325 BGB.), so ist für die Aufhebung des Vertrages durch das EA. kein Raum.

12. Die Aufhebung „kann" erfolgen, eine Pflicht des EA. hiezu besteht nicht. Es wird insbesondere dann nicht in die Rechte des neuen Mieters auf Erfüllung des Vertrages, bzw. auf Schadensersatz wegen Nichterfüllung eingreifen, wenn der Vermieter über die Räume weiter verfügte, obwohl er wußte oder aus Äußerungen des alten Mieters wissen mußte, daß die Anrufung des EA. nach Ziff. 1 erfolgen werde und eine ihm ungünstige Entscheidung gefällt werden könne. Das EA. kann den Vertrag unter Berücksichtigung aller für und gegen die beiden Parteien sprechenden Tatsachen aufheben oder nicht aufheben, es kann aber nicht die Aufhebung anordnen und gleichzeitig, weil es nur auf diese Weise eine solche Anordnung für billig erachtet, den Vermieter zur Zahlung einer Abstandssumme an den neuen Mieter verurteilen. Eine derartige Entscheidung wäre nicht ein Minus gegenüber der Abweisung des Antrages des Vermieters, sondern ein aliud, zu deren Erlassung ausschließlich die ordentlichen Gerichte zuständig sind (ebenso Mittelstein JW. 1918 S. 484 im Gegensatz zu Pfeiffenberger S. 30). Das gleiche gilt auch für die Frage, ob die Vermietung von Räumen gleichzeitig mit solchen, auf welche sich die Entscheidung nach Ziff. 1 erstreckt, aus dem Gesichtspunkt des § 139 BGB. nichtig ist; auch hierüber entscheidet allein das ordentliche Gericht, während das EA. nur befugt ist, den Mietvertrag bezüglich der Räume aufzuheben, die von dem Spruch nach Ziff. 1 betroffen werden (ebenso Pfeiffenberger S. 32).

Die Aufhebung erfolgt mit rückwirkender Kraft vom Zeitpunkt des Vertragsabschlusses ab, nicht erst mit dem Tage der Aufhebung und hat ähnlich wie im Falle der Nichtigkeit eines Rechtsgeschäftes wegen Anfechtung (§ 142 BGB.) die Wirkung, daß etwa schon empfangene Leistungen nach den Grundsätzen über ungerechtfertigte Bereicherung (§§ 812 ff. BGB.) zurückverlangt werden können.

13. Nach der BBek. vom 26. Juli 1917 hatte das EA. die Befugnis, „über die Fortsetzung des gekündigten Mietverhältnisses und ihre Dauer sowie über eine Erhöhung des Mietzinses im Falle der Fortsetzung zu bestimmen". Diese Wortfassung gab zu Zweifeln darüber Anlaß, ob das EA. außer über die Fortsetzung des Mietverhältnisses und ihre Dauer lediglich über eine Erhöhung des Mietzinses bestimmen dürfe (Mittelstein JW. 1917 S. 795 und JW. 1918 S. 484) oder ob es auch die übrigen Bedingungen des Mietvertrages abändern könne (so Levin DJZ. 1917 S. 983; Pfeiffenberger S. 26). Die Neufassung des Abs. 2 durch die Nov. vom 23. November 1918 beseitigte diese Bedenken zugunsten der letzteren Auffassung, indem nunmehr ausdrücklich hervorgehoben wird, daß dem Mieter neue Verpflichtungen auferlegt werden können. Durch die Einfügung des Wortes „insbesondere" wird gleichzeitig klargestellt, daß die Befugnis zur Erhöhung des Mietzinses nur als ein Hauptbeispiel der Neufestsetzung dient.

Nur neue „Verpflichtungen" können dem Mieter auferlegt werden, dagegen können ihm nicht auch neue Rechte eingeräumt werden. Es kann also zwar der Mietzins oder die im Vertrag festgesetzte Mietsentschädigung erhöht, nicht aber ermäßigt, der Termin für die Zahlung des Mietzinses verkürzt, jedoch nicht verlängert und ihm eine bisher nicht bestandene Last, z. B. bisher nicht von ihm zu tragende Reparaturen oder Unterlassung bestimmter störender Handlungen, auferlegt werden. Die Auferlegung neuer Verpflichtungen muß nach Sinn und Zweck der VO. im engsten Zusammenhang mit der Entscheidung über die Wirksamkeit der Kündigung und die Fortsetzung des Mietverhältnisses stehen, da sie lediglich dazu dienen soll, dem Vermieter ein billiges (§ 7 I) Äquivalent für das ihm durch das EA. genommene Kündigungsrecht zu verschaffen (ebenso Stern JW. 1918 S. 727 und Pfeiffenberger a. a. O.).

Der Mieter muß stets damit rechnen, daß ihm bei Gewährung der Fortsetzung des Mietverhältnisses die Belastung mit neuen Verpflichtungen, insbesondere eine Mietsteigerung, droht, an die er nach § 7 II gebunden ist. Er wird deshalb abwägen müssen, ob es für ihn nicht günstiger ist, die Kündigung anzuerkennen oder die drohende Belastung auf sich zu nehmen; kommt er erst nach Antragstellung im Laufe des Verfahrens entsprechend dem Gange der Verhandlungen zu der Überzeugung, daß die zu erwartende Mietzinserhöhung seine Verhältnisse übersteigt, so bleibt es ihm unbenommen, seinen Antrag auf Aufhebung der Kündigung vor der Entscheidung in jedem Stadium des Verfahrens zurückzuziehen (Begr. I).

14. Das Eingreifen des EA. setzt einen Antrag des Mieters voraus. Abs. 3 behandelt lediglich die materiellrechtlichen Voraussetzungen des Antrages, über die prozessualen Erfordernisse eines gültigen Antrages s. § 2 RKBek.

15. Der Antrag muß „unverzüglich" gestellt werden, damit der Vermieter tunlichst bald Gewißheit darüber erhält, ob er über die Mietsache verfügen kann oder nicht. Der an das EA. schriftlich (§ 2 II RKBek.) gestellte Antrag gilt als unverzüglich gestellt, wenn der Antragsschriftsatz unverzüglich nach dem Zugehen der Kündigung abgesendet worden ist (§ 121 I Satz 2 BGB.).

Der Gesetzgeber hat trotz mancher gegenteiliger Anregungen an dem Verlangen der Unverzüglichkeit festgehalten, da die Feststellung einer festen gesetzlichen Ausschlußfrist im einzelnen Falle leicht zu Härten führen könnte (Begr. II). „Unverzüglich" bedeutet so viel wie „ohne schuldhaftes Zögern" (§ 121 BGB.). Das schuldhafte Zögern kann ein vorsätzliches oder fahrlässiges sein. Wie lange es dauern darf, bevor es schuldhaft wird, läßt sich nicht allgemein, sondern nur nach Würdigung der besonderen Verhältnisse des Einzelfalles entscheiden (Staudinger Anm. 3 zu § 121). Auf die häufige Geschäftsungewandtheit der hiebei in Frage kommenden Kreise wird das EA. regelmäßig gebührende Rücksicht nehmen müssen (vgl. Erl. d. Staatskommissars Abs. X, f); es wird jedoch der Einwand, man habe von der MSchVO. oder von dem Bestehen eines EA. keine Kenntnis gehabt, regelmäßig keinen Entschuldigungsgrund bilden, da im Hinblick auf die allgemeine öffentliche Bekanntmachung (§ 1 I) diese Kenntnis vorausgesetzt werden darf. Die Versäumung der Frist ist auch nicht durch die spätere Behauptung wieder gut zu machen, man habe trotz aller Bemühungen keine andere Wohnung gefunden (ebenso Stern S. 19; Rohde S. 37). Dagegen kann die in gleichgelagerten Fällen sonst von dem EA. zugrunde gelegte Frist als entsprechend verlängert gelten, wenn die Streitteile zunächst ohne Anrufung des EA., wenn auch erfolglos, versucht hatten, sich über die Fortsetzung des Mietverhältnisses und deren Bedingungen im Wege gütlicher Unterhandlung zu einigen (ebenso Pfeiffenberger S. 36; a. M. Oertmann JW. 1917 S. 958). Steht fest, daß der Mieter eine gewisse in der Praxis übliche Frist hat verstreichen lassen, so obliegt ihm trotz des im Verfahren vor dem EA. geltenden Offizialprinzips der Nachweis, daß die Verzögerung keine unverschuldete war (s. Anm. 1 zu § 7 RKBek.).

Für die Anwendung der §§ 230 ff. ZPO. (Wiedereinsetzung in den vorigen Stand) ist kein Raum, da es sich um eine materiellrechtliche Frist handelt und das EA. in der Lage ist, in jedem Falle, in welchem die Voraussetzungen für die Wiedereinsetzung in den vorigen Stand gegeben wären, trotz der Versäumung der sonst üblichen Frist den Antrag, weil nicht schuldhaft verzögert, als unverzüglich anzuerkennen.

16. Die Kündigung ist zugegangen bei mündlicher Erklärung oder Übermittlung durch Fernsprecher mit der Abgabe gegenüber dem Vermieter oder dessen Vertreter, bei schriftlicher oder telegraphischer Mitteilung schon im Zeitpunkt, in dem sie in den Machtbereich des Vermieters gelangt, ohne Rücksicht darauf, daß dieser erst zu einer späteren Zeit hievon Kenntnis nimmt. Wird die Kündigung durch eine Mittelsperson vorgenommen, so gilt sie nur dann als zugegangen, wenn diese zur Wiedergabe der Mitteilung geeignet ist, es sei denn, daß die Erklärung trotzdem tatsächlich richtig bestellt wird (Staudinger Anm. 3 zu § 130).

17. Auch im Falle des Abs. 1 Ziff. 1 b vermeidet es der Gesetzgeber, dem Mieter eine bestimmte Frist zur Anrufung des EA. zu setzen. Die Frage, ob der Antrag so frühzeitig gestellt ist, daß die Interessen des Vermieters hiedurch gewahrt bleiben, ist nach billigem Ermessen (§ 7 I) zu entscheiden und ebensowenig nachprüfbar wie die Entscheidung über die „Unverzüglichkeit" eines Antrages (Anm. 15). Regelmäßig wird die

Frist als angemessen anzusehen sein, die nach Ortsgebrauch, Art und Umfang der Wohnung usw. der gesetzlichen Kündigungsfrist (§ 565 BGB.) entsprechen würde, wenn der Mietvertrag anstatt auf bestimmte Zeit auf unbestimmte Dauer abgeschlossen wäre. Ganz besonders ist dies dann der Fall, wenn das Mietverhältnis zwar auf bestimmte Zeit eingegangen war, jedoch mit der Maßgabe, daß es ohne weiteres fortzusetzen sei, wenn nicht eine bestimmte Zeit vorher gekündigt werde (Mittelstein S. 408/9); hier wird man regelmäßig verlangen dürfen, daß diese vertragliche Frist eingehalten werde.

Eine Bestimmung, welche auch für den Antrag des Vermieters auf Aufhebung des neuen Vertrages nach Ziff. 2 eine Frist vorschriebe, enthält die VO. nicht. Dieser Antrag ist deshalb zwar nicht „unverzüglich" wie der des Mieters nach Ziff. 1a zu stellen, jedoch so bald nach der das alte Mietverhältnis aufrechterhaltenden Entscheidung, daß das Interesse des neuen Mieters, sich eine andere Wohnung beschaffen zu können, nicht wesentlich erschwert wird. Kommt das EA. zu dem Ergebnis, daß der Vermieter durch Säumnis dieses Interesse des neuen Mieters verletzt hat, so wird es aus Billigkeitsgründen (§ 7 I) von seiner Befugnis, den Vertrag aufzuheben, keinen Gebrauch machen.

18. Ist im Zeitpunkt des Antrages die Mietzeit abgelaufen oder haben die Parteien die Fortsetzung des Mietverhältnisses vereinbart, so besteht für den Mieter kein Rechtsschutzbedürfnis mehr. Der Antrag ist in diesem Falle ohne weiteres schon aus diesem Grunde abzuweisen. Die Rechtsfrage, ob die Mietzeit abgelaufen ist oder eine Vereinbarung über die Fortsetzung des Mietverhältnisses inmitte liegt, ist im Streitfalle vom EA. selbst zu prüfen (Lesser in JW. 1918 S. 763) und durch das ordentliche Gericht nicht nachprüfbar (Anm. 3a zu § 7). War die Mietzeit bereits abgelaufen, so ist der Antrag auch dann abzuweisen, wenn er „unverzüglich" gestellt war. Dagegen steht einer Sachentscheidung nichts im Wege, wenn das Mietverhältnis erst während der Rechtshängigkeit des Verfahrens endigt, da es nur auf den Zeitpunkt des Antrages ankommt (ebenso Stern S. 22).

Hat der Mieter die Kündigung angenommen, so ist für eine Anrufung des EA. ebenfalls kein Raum mehr, da insoweit an die Stelle der Kündigung eine Parteivereinbarung über Beendigung des Mietvertrages getreten ist; § 9 steht dem nicht entgegen (s. die dortige Anm. a. E.).

§ 3 (neu).[1]

Hat sich ein Vermieter einer öffentlichen Behörde gegenüber verpflichtet,[2] die Festsetzung des Mietzinses oder anderer Bestimmungen des Mietvertrags[3] durch das Einigungsamt[4] bewirken zu lassen, so setzt dieses die Bestimmungen des Mietvertrags[3] auf Antrag der Behörde oder des Vermieters[5] fest.

1. § 3 wurde durch die Nov. vom 23. September 1918 mit Rücksicht darauf eingefügt, daß es die öffentliche Wohnungsfürsorge voraussichtlich demnächst mit sich bringen werde, daß für die Errichtung von Mietwohnungen durch Reich, Staat und Gemeinden Zuschüsse wegen der sogen. Überteuerung der Bauten gegeben oder andere Vergünstigungen, z. B. Überlassung billigen Baulandes, Bauerleichterungen oder Steuerbefreiungen gewährt würden und daß die Erbauer sich dafür verpflichten, bei der Bemessung des Mietzinses und bei anderen Vereinbarungen des Mietvertrages bestimmte Bedingungen einzuhalten, insbesondere sich einer Festsetzung des EA. zu unterwerfen (Begr. II).

2. Die Verpflichtung muß gegenüber einer öffentlichen Behörde, z. B. einer Reichs-, Staats- oder Gemeindebehörde, einer öffentlichen Stiftung, einem Versicherungsträger der RVO. gegenüber erklärt sein. Schriftlichkeit ist gesetzlich nicht erfordert, aber im Interesse der Beweissicherung zweckmäßig, da der Nachweis der Verpflichtung des Vermieters eine Spruchvoraussetzung für das EA. bildet.

3. Nicht nur die Höhe des Mietzinses, sondern auch andere Bestimmungen des Mietvertrages, z. B. über Art der Mietzinszahlung, Kündigungsbefugnis, Mietsentschädigung usw., setzt das EA. fest. § 7 II findet seinem klaren Wortlaut nach hier keine Anwendung. Festsetzung des „Mietvertrags" bedeutet hier also nicht so viel, als daß der Spruch unmittelbar materiellrechtlich den Inhalt eines Vertrages des Vermieters mit einem Mieter bildet, sondern nur, daß die Behörde, der gegenüber sich der Vermieter dem Schiedsspruch des EA. unterworfen hat, einen Anspruch gegenüber dem Vermieter auf Abschluß des Mietvertrages zu den vom EA. festgesetzten Bedingungen besitzt. Die Nichtanwendung des § 7 II ist m. E. eine empfindliche Gesetzeslücke; denn es ist ohne eine solche Bestimmung, die den Mieter nicht in die Lage setzt, bürgerlichrechtliche Wirkungen des EA.-Spruches für sich zu verwerten, nicht einzusehen, wie der Vermieter zur Einhaltung der Bestimmungen gezwungen werden könne. Die Begr. II spricht zwar davon, daß es nötigenfalls Sache der Behörde sei, ihn zur Beobachtung der Festsetzungen des EA. anzuhalten, bei dem Mangel einer Strafvorschrift ist aber die Ausübung eines Zwanges zur Einhaltung der Bedingungen höchstens wirtschaftlich in der Weise denkbar, daß z. B. dem Vermieter ein von der betreffenden öffentlichen Korporation bewilligtes, hypothekarisch gesichertes Darlehen gekündigt wird. Die Folge der Nichtanwendbarkeit des § 7 II ist z. B. auch, daß trotz § 7 I S. 2 das ordentliche Gericht in einem Rechtsstreit zwischen Vermieter und Mieter an die Entscheidung des EA. nicht gebunden ist, da die Rechtskraft sich nur auf die Personen beschränkt, die in dem Verfahren vor dem EA. als Parteien auftreten konnten (Stein § 325 I; Dyroff S. 649); zu diesen Personen zählt aber der Mieter nicht.

4. Die Entscheidung obliegt dem vollbesetzten EA. (§ 8). Auch die mit den Befugnissen des EA. betraute andere Stelle (§ 11) ist zu Entscheidungen nach § 3 berechtigt, nicht dagegen das als EA. fungierende Amtsgericht (§ 11 II). § 7 I findet auf die Entscheidung Anwendung.

5. Zur Antragstellung ist nur die Behörde, der gegenüber sich der Vermieter zur Unterwerfung unter den Spruch des EA. verpflichtet hat oder der Vermieter selbst legitimiert, dagegen nicht ein dritter Interessent, z. B. der Mieter, mit dem der Vertrag abgeschlossen wurde oder werden soll (s. Anm. 3).

§ 4 (neu).

Die Erlaubnis des Vermieters, den Gebrauch der gemieteten Sache einem Dritten zu überlassen, insbesondere die Sache weiter zu vermieten (§ 549 Abs. I BGB.)*)[1] wird durch die Erlaubnis des Einigungsamtes[2] ersetzt.[3] Das Einigungsamt soll die Erlaubnis versagen,[4] wenn der Vermieter sie aus einem wichtigen Grunde[5] verweigert hat.

1. Die Verhältnisse, insbesondere unter der Einwirkung der Kriegsereignisse lassen es häufig dem Mieter erwünscht erscheinen, den Gebrauch der Mietsache einem Dritten zu überlassen, insbesondere sie weiter zu vermieten (sogen. Unter- oder Aftermiete). Verweigert der Vermieter die Erlaubnis hiezu, ohne daß in der Person des Dritten (Untermieters) ein wichtiger Grund vorliegt, so kann nach dem geltenden Rechte der Mieter nur das Mietverhältnis kündigen (§ 549 I BGB.). Um auch hier Umzüge, für die kein zwingender Grund vorliegt, möglichst zu vermeiden, wurde durch die Nov. vom 23. September 1918 der § 4 eingefügt, der eine Prüfung der Sachlage und auf Grund derselben gegebenenfalls eine Ersetzung der Erlaubnis des Vermieters durch das EA. zuläßt (Begr. II). Auf Pachtverhältnisse findet die Vorschrift keine Anwendung. Es bewendet hier bei dem freien Erlaubnisrecht des Verpächters, der sich bei Versagung der Erlaubnis nicht einmal die Kündigung seitens des Pächters gefallen lassen braucht (§ 596 I BGB.). § 4 bezieht sich ferner nur auf das tatsächliche Überlassen des Gebrauches, sei es der ganzen Mietsache oder bloß eines Teiles derselben, nicht aber auf die Abtretung der Mieterrechte (Staudinger § 549 X a unter Hinweis auf § 399 BGB.). Über die zwingende Natur der Vorschrift s. § 9; eine an sich nach dem bürgerlichen Rechte gültige Vertragsbestimmung „jede Untermiete ist verboten" (Mittelstein S. 580) ist deshalb nach der MSchVO. bedeutungslos.

---

*) § 549 lautet:

Der Mieter ist ohne die Erlaubnis des Vermieters nicht berechtigt, den Gebrauch der gemieteten Sache einem Dritten zu überlassen, insbesondere die Sache weiter zu vermieten. Verweigert der Vermieter die Erlaubnis, so kann der Mieter das Mietverhältnis unter Einhaltung der gesetzlichen Frist kündigen, sofern nicht in der Person des Dritten ein wichtiger Grund vorliegt.

Überläßt der Mieter den Gebrauch einem Dritten, so hat er ein dem Dritten bei dem Gebrauche zur Last fallendes Verschulden zu vertreten, auch wenn der Vermieter die Erlaubnis zur Überlassung erteilt hat.

über den besonderen Fall der Gestattung der Untermiete durch eine Gemeindebehörde s. WBO. § 4 II (unten S. 83).

2. Die Entscheidung obliegt dem vollbesetzten EA. (§ 8). Das Amtsgericht (§ 11 II) ist nicht zu Entscheidungen nach § 4 zuständig, wohl aber die „andere Stelle" nach § 11 I.

3. Die Erlaubnis des EA. tritt an die Stelle der Erlaubnis des Vermieters und besitzt daher die gleiche Rechtsnatur wie diese. Sie ist deshalb keine Genehmigung gem. §§ 182ff. BGB., die erst den Untermietvertrag rechtswirksam machen würde, sondern lediglich eine dem Mieter gegenüber abzugebende Willenserklärung, welche bewirkt, daß die Gebrauchsüberlassung an den Dritten nicht als eine Verletzung der dem Mieter gegenüber dem Vermieter obliegenden Verpflichtungen aus dem Mietvertrag erscheint (Mittelstein § 88 Ziff. 3, RGZ. Bd. 81 S. 59). Die Erlaubnis des EA. ist, wenn auch ein obrigkeitlicher Akt, doch zugleich ein Ersatz für ein Privatrechtsgeschäft und unterliegt deshalb ähnlich wie die Genehmigung des Vormundschaftsgerichtes (RGKomm. Anm. 1 zu § 1821 BGB., RGZ. Bd. 71 S. 170, OLG. Darmstadt in OLG. Bd. 22 S. 130) der Anfechtung wegen Irrtums und Betruges durch den Vermieter und unter solchen Umständen der Nachprüfung des EA. Von diesem Falle abgesehen ist die Erlaubnis des EA. nicht beliebig widerruflich (Staudinger § 549 II, 3). Dagegen ist das EA. zur Aufhebung seines Beschlusses und Zurücknahme der Erlaubnis auf Antrag des Vermieters befugt, wenn erst nach der Erteilung der Erlaubnis ein wichtiger Grund zur Versagung entsteht (vgl. § 18 FGG. und Mittelstein a. a. O. sowie Anm. 3b zu § 7). Als Ersatz für eine privatrechtliche empfangsbedürftige Willenserklärung wird die Entscheidung erst wirksam, wenn sie dem Mieter zugeht (§ 130 BGB.), also regelmäßig erst mit der Zustellung nach § 12 II RKBek., es sei denn, daß die Entscheidung in Anwesenheit des Mieters verkündet wurde.

4. Satz 2 ist lediglich eine instruktionelle „Soll"vorschrift; Verstoß hiegegen macht den Spruch des EA. nicht unwirksam. Wille des Gesetzgebers ist, daß regelmäßig die Erlaubnis zu erteilen und nur beim Vorliegen wichtiger Gründe (Anm. 5) zu verweigern ist. Die Versagung ist schon auf Grund bürgerlichen Rechtes (s. Staudinger § 549 IV BGB.) zu begründen, über die Begründung nach Prozeßrecht s. Anm. 2 zu § 11 RKBek. Der Versagungsbeschluß kann auf Antrag nachträglich aufgehoben werden, wenn der wichtige Grund später weggefallen ist (Stein § 322 Anm. 177). Die Versagung aus einem wichtigen Grunde hat zur Folge, daß das ordentliche Gericht hieran bei einem nachträglichen Rechtsstreit darüber gebunden ist, ob der Mieter das Mietverhältnis unter Einhaltung der gesetzlichen Frist kündigen kann § 549 I S. 2, Stein IX Eing. und Z. 3 zu § 322 und unten § 7 Anm. 3 c).

5. Im Gegensatz zu § 549 I S. 2 BGB. braucht der „wichtige Grund" nicht notwendig in der Person des Mieters zu liegen, die Versagung kann also erfolgen nicht nur z. B. wegen der Gefahr erheblicher Schädigung des Vermieters und der übrigen Hausbewohner durch schlechte Lebensführung und grobe Störung der Hausordnung, sondern auch aus sachlichen Gründen, z. B. die Wohnung erweist sich als zu klein zur Aufnahme noch weiterer Personen.

§ 5 (neu).[1]

Macht sich im Bezirk einer Gemeindebehörde, in dem ein Einigungsamt errichtet ist,[2] nach dem Ermessen der Landeszentralbehörde ein besonders starker Mangel an Wohnungen geltend, so kann die Landeszentralbehörde[3]

1. die Gemeindebehörde[2] zu der Anordnung ermächtigen oder verpflichten, daß die Vermieter von Wohnräumen der Gemeindebehörde unverzüglich Anzeige zu erstatten haben, wenn eine seit dem 1. Juni 1917 dauernd oder zeitweise vermietet gewesene Wohnung an einen neuen Mieter zu einem höheren Mietzins vermietet wird, als ihn der letzte Mieter zu entrichten hatte; in der Anzeige ist der zuletzt entrichtete und der neue Mietzins anzugeben;[4]
2. das Einigungsamt ermächtigen, auf Anrufen der Gemeindebehörde den mit dem neuen Mieter vereinbarten Mietzins auf die angemessene Höhe herabzusetzen. Der Antrag der Gemeinde ist unverzüglich zu stellen, nachdem ihr die Anzeige des Vermieters zugegangen ist.[5]

Etwaige Nebenleistungen des Mieters gelten als Teil des Mietzinses.[6]

1. § 5, durch die Nov. vom 23. September 1918 neu geschaffen, dient der Bekämpfung des Wohnungswuchers. Seine Einfügung war notwendig, da sich die VO. gegen Preistreiberei vom 8. Mai 1918 (RGBl. S. 395) nicht auf unbewegliche Sachen und somit nicht auf Wohnungen erstreckt. § 1 (jetzt § 2) der MSchVO. vom 26. Juli 1917 ließ die Möglichkeit eines amtlichen Einflusses auf die Mietpreisbemessung nur zu, wenn sich die Mietsteigerung gegen den bereits die Wohnung inne habenden Mieter richtete, nicht dagegen bei Neuvermietungen.*)

2. Gemeindebehörde ist in Gemeinden mit städtischer Verfassung der Magistrat, in allen übrigen Gemeinden der Bürgermeister (bayer. MinBek. vom 28. September 1918 Ziff. 2, Anh. S. 110). Eine Ermächtigung nach § 5 kann nur erteilt werden Gemeindebehörden, in deren Bezirk ein EA. nach § 1 errichtet ist, nicht auch da, wo nach § 11 das AG. oder eine andere Stelle

*) Über die neuerliche weitergehende Regelung in Bayern s. die Bek. vom 29. April 1919 Anh. S. 118 und die dortigen Anm.

die Funktionen des EA. ausübt. Der bayerische Demobilmachungskommissar hat jedoch mittels Bek. vom 6. Dezember 1918 § 4 s. Anh. S. 116 eine inhaltlich mit § 5 übereinstimmende Vorschrift erlassen, durch welche der gleiche Schutz wie in § 5 dem neuen Mieter auch in Bezirken gewährt wird, in denen ein EA. nicht besteht; in diesem Falle tritt an Stelle des EA. (Ziff. 2) ein besonderer gemeindlicher Ausschuß (s. VO. v. 29. April 1919, Anh. S. 118). Über die Frage der Rechtsgültigkeit der Bek. des DemobKomm. s. Anm. 3 zu § 1 der WVO. unten S. 79.

3. Landeszentralbehörde ist in Preußen der Staatskommissar für das Wohnungswesen, der im Gegensatz zu § 6 hier nicht von der Delegationsbefugnis des § 12 Gebrauch gemacht hat, in Bayern das Min. des Innern (s. Anm. 2 zu § 6). Die Feststellung, ob sich in dem Bezirke ein besonders starker Mangel an Wohnungen geltend gemacht hat, steht im freien Ermessen der LandeszentralBeh. und ist insbesondere auch nicht vom Strafrichter (§ 15) nachprüfbar (vgl. Art. 15 bayer. PStGB.).

4. § 5 bezieht sich nur auf „Wohnungen" (einschließlich möblierter Zimmer), nicht auch auf die Miete von Fabrik- und Geschäftsräumen (s. Anm. 4 zu § 6). Auf die Vermietung neu errichteter Wohnungen, die überhaupt noch nicht oder nach dem 1. Juni 1917 noch nicht als Wohnungen vermietet waren, kann die Anzeigepflicht nach Ziff. 1 nicht erstreckt werden. Über den Wegfall dieser zeitlichen Beschränkung in Bayern s. jetzt VO. vom 29. April 1919 Anm. 2 zu § 2 (Anh. S. 118). Die Ermächtigung, die Anzeige zu fordern, ist in Bayern allen Gemeindebehörden verliehen, in deren Bezirk ein mit den Befugnissen aus § 1 ausgestattetes EA. besteht (MinBek. vom 28. Sept. 1918, Anh. S. 110). Die Rechtsgültigkeit der gemeindlichen Anordnung hängt von der ortsüblichen öffentlichen Bekanntmachung ab (Anm. 5 zu § 1). Die unverzügliche (s. hierüber Anm. 15 zu § 2) Anzeigeerstattung trifft den „Vermieter", d. h. die durch Abschluß eines Mietvertrages über die Mietsache verfügende Person, mithin, wenn die Mietsache zum eingebrachten oder Gesamtgut gehört, den Ehemann (§§ 1395 ff., 1443 BGB.), gehört sie einem geschäftsunfähigen oder in der Geschäftsfähigkeit Beschränkten, dessen gesetzlichen Vertreter (§§ 107, 1793, 1897 BGB.), bei Vertretung kraft Amtes, z. B. bei einer Testamentsvollstreckung, einer Konkurs- oder Nachlaßverwaltung, die hiezu bestellte Person. Diese Feststellung ist von Bedeutung mit Rücksicht auf die Täterschaft bei Verletzung der Strafvorschrift des § 15, der die nicht rechtzeitige Erstattung der Anzeige und die unrichtige oder unvollständige Angabe z. B. des alten und des neuen Mietzinses einschließlich der Nebenleistungen (Abs. II) unter Strafe stellt.

5. Die Ermächtigung zur Herabsetzung des Mietzinses ist in Bayern allen EA. erteilt, denen die Befugnisse aus § 1 übertragen sind (Anm. 5 zu § 1, Bek. des Min. des Innern vom 28. September 1918, Anh. S. 110). Über die Zuständigkeit in Gemeinden ohne EA. s. Anm. 2. Die Gemeindebehörde kann die ihr zustehende Antragsbefugnis einer anderen gemeindlichen

Stelle (z. B. dem städt. Wohnungsamt) übertragen und bestimmen, daß die Anzeige nach Ziff. 1 an diese Stelle unter Benützung eines bestimmten Formblattes zu erstatten ist (Bek. des Min. der Justiz und des Innern Ziff. 2 Anh. S. 110). Im Gegensatz zur vorliegenden Bestimmung (s. Begr. II) räumt das bayerische Recht auch dem Mieter das Antragsrecht ein (s. Anh. S. 118 § 2) und zwar ohne Rücksicht darauf, seit wann das Mietverhältnis besteht. Voraussetzung für den Spruch des EA. ist unverzügliche (Anm. 15 zu § 2) Antragstellung durch die Gemeindebehörde oder die von ihr bezeichnete Stelle nach dem Zugang der Anzeige. Für die Frage, welches die angemessene Höhe ist, auf die der Mietzins herabzusetzen sei, gilt auch hier der Grundsatz der Entscheidung nach billigem Ermessen (§ 7 I); ausschlaggebend werden in der Hauptsache Gesichtspunkte der öffentlichen Sorgepflicht für die Unterbringung der alten und neu zuziehenden Einwohner und für eine den verschiedenen Bedürfnissen gerecht werdende Gestaltung der Mietpreise und des davon beeinflußten Wohnungsvorrates sein (Begr. II und im übrigen Anm. 1 zu § 7). Das EA. ist bei seinem Spruch nicht an den Betrag gebunden, den der letzte Mieter gezahlt hat. Über die privatrechtliche Wirkung der Herabsetzung des Mietzinses s. § 7 II.

6. Die Hervorhebung der Nebenleistungen, z. B. von Dienstleistungen neben dem Mietzins, erwies sich als notwendig, da Vergleichsmaßstab die sämtlichen wirtschaftlichen Gegenleistungen der Wohnungsüberlassung bilden.

§ 6 (neu).[1]

Die Landeszentralbehörde[2] kann für den Bezirk einer Gemeindebehörde, in dem sich nach ihrem Ermessen ein besonders starker Mangel an Wohnungen geltend macht, anordnen[3]

1. daß die Vermieter von Wohnräumen[4] ein Mietverhältnis rechtswirksam[5] nur mit vorheriger Zustimmung[6] des Einigungsamtes[7] kündigen können, insbesondere, wenn die Kündigung zum Zwecke der Mietsteigerung erfolgt;
2. daß ein ohne Kündigung ablaufendes Mietverhältnis als auf unbestimmte Zeit verlängert gilt, wenn der Vermieter nicht vorher die Zustimmung des Einigungsamtes zu dem Ablauf erwirkt hat.[8]

Das Einigungsamt kann bei der Entscheidung die Fortsetzung oder die Verlängerung des Mietverhältnisses jeweils bis zur Dauer eines Jahres bestimmen. Die Vorschrift des § 2 Abs. 2 findet Anwendung.[9]

Besteht in dem Bezirke kein Einigungsamt, so bestimmt die Landeszentralbehörde die Stelle, deren Zustimmung einzuholen ist.[10]

1. § 6 wurde durch die Nov. vom 23. September 1918 neu geschaffen. Sein Vorbild sind die auf Grund § 9 b des preuß. BelZG. vom 4. Juni 1851 und Art. 4 Ziff. 2 bayer. KriegszG. vom 5. November 1912 ergangenen diesbezüglichen Anordnungen militärischer Befehlshaber (s. z. B. die Anordnung der st. Gen.-Komm. in Danzig, Mainz vom 11. September und 9. Juli 1918, sowie des II. und III. bayer. AK. vom 10. April und 27. Juni 1918, bayer .Staatsanz. Nr. 87 und 149). Seine Einfügung diente dem Zwecke, eine für das ganze Reich einheitliche Rechtsgrundlage zu schaffen.

2. In Preußen an Stelle des Staatskommissars für das Wohnungswesen der Regierungspräsident, für Berlin der Oberpräsident (Runderlaß vom 24. September 1918 Abs. 7, Anh. S. 105; § 12), in Bayern das Min. des Innern (Bek. vom 28. September 1918, Anh. S. 109).

3. Die Feststellung, ob ein besonders starker Mangel an Wohnungen vorliegt, steht im Ermessen der LandeszentralBeh. Das bayer. Staatsmin. des Innern hat mit Bek. vom 15. Okt. 1918 (s. Anh. S. 111) mit sofortiger Wirksamkeit angeordnet, daß § 6 in allen Gemeindebezirken zu gelten habe, in denen ein EA. errichtet sei. Durch den Erlaß der Anordnung erlangt das in dem Bezirk bestehende EA. ohne weiteres die Befugnis, die in der Anordnung erwähnten Entscheidungen nach Ziff. 1 und 2 in dem im Abs. II vorgesehenen Rahmen zu treffen; einer speziellen Ermächtigung bedarf es nicht mehr (Begr. II).

4. § 6 bezieht sich im Gegensatz zu § 2 Ziff. 1 nur auf Mietverträge über Wohnräume, die Kündigung von anderen, z. B. Büro- oder Fabrikräumen ist rechtsgültig und es bleibt dem Mieter überlassen, das EA. nach § 2 rechtzeitig anzurufen. Das gleiche gilt auch im Falle der Ziff. 2, obgleich dort nicht ausdrücklich noch einmal von Wohnräumen die Rede ist (ebenso Stern S. 32). Die Anwendung des § 6 ist ferner nicht auf Kleinwohnungen beschränkt, wie dies früher z. B. auf Grund der Anordnungen der st. GenKomm. des II. und III. bayer. AK. (siehe Anm. 1) der Fall war. Es steht jedoch einer derartigen Einschränkung der Ermächtigung durch die LandeszentralBeh. nichts im Wege; die generelle Ermächtigung durch das bayer. Min. des Innern (s. Anm. 3) enthält eine solche Einschränkung nicht.

5. Die ohne Zustimmung des EA. erfolgte Kündigung ist rechtsunwirksam. Dadurch unterscheidet sich die Vorschrift wesentlich von den meisten diesbezüglichen GenKommVerf., welche wie z. B. die Anordnung des st. GenKomm. III. bayer. AK. nur eine Strafvorschrift enthielten, die zivilrechtliche Gültigkeit aber unberührt ließen. Nur die Kündigung (s. Anm. 4 zu § 2) ist an die Zustimmung gebunden, nicht auch die Mietsteigerung als solche;

eine in dieser Beziehung weitergehende Bestimmung eines Mil.-Befehlshabers bleibt von der Vorschrift des § 6 ebenso unberührt, wie die Fortdauer einer Strafbestimmung eines GenKomm. Die MSchVO. selbst enthält für Zuwiderhandlungen gegen § 6 keine Strafbestimmung. Aus welchem Grunde die Kündigung erfolgt, ist belanglos, genehmigungsbedürftig ist jede Kündigung, nicht nur die zum Zwecke einer Mietsteigerung vorgenommene; dies folgt aus dem Wort „insbesondere" und aus Anm. 4 zu § 2.

6. Die Kündigung ist an die vorherige Zustimmung des EA. geknüpft. Die „nachträgliche" Zustimmung-Genehmigung (§§ 185, 1821 ff. BGB.) ist ausgeschlossen. Aus diesem Grunde hat das bayer. Min. des Innern in seiner Bek. (s. Anm. 3) angeordnet, daß die Gemeindebehörden im Benehmen mit dem Vorsitzenden des EA. zu bestimmen und öffentlich bekannt zu geben haben, bis zu welchem Zeitpunkt vor dem gesetzlichen Kündigungstermin die Vermieter das EA. jeweils angerufen haben müssen, damit sie auf rechtzeitige Erledigung ihrer Anträge mit Bestimmtheit rechnen können. Eine derartige von einer Gemeinde bestimmte Frist ist keine Ausschlußfrist im Sinne des bürgerlichen Rechtes. Daraus folgt, daß die auf eine verspätete Anrufung des EA., aber noch vor dem gesetzlich zulässigen Kündigungstermin erteilte Zustimmung rechtswirksam ist, während umgekehrt eine Zustimmung, die nach dem Kündigungstermin erfolgt, selbst dann privatrechtlich bedeutungslos ist, wenn die Anrufung rechtzeitig innerhalb der von der Gemeinde bestimmten Frist geschehen ist. Die Aufhebung einer erteilten Zustimmung kann nicht mehr zurückgenommen werden, wenn sie dem Mieter gegenüber wirksam geworden ist (§ 55 I FGG. entspr.); ist die Zustimmung verweigert und demzufolge eine Entscheidung zugunsten des Mieters nach § 2 erlassen worden, so gilt hinsichtlich der Unabänderlichkeit des Beschlusses das in Anm. 3b zu § 7 Ausgeführte.

Die Zustimmung ist zwar ein obrigkeitlicher Akt, da sie aber eine privatrechtliche Willenserklärung, nämlich die Zustimmung des Mieters ersetzen soll (dies, obwohl die Kündigung an sich nicht annahme-, sondern nur empfangsbedürftig ist), so ist ihre Anfechtung wegen Irrtums, Betrugs usw. nicht ausgeschlossen (Anm. 3 zu § 4). Die Zustimmung ist überflüssig, wenn nachweisbar der Mieter sich mit der Kündigung einverstanden erklärt hat; im Gegensatz zu § 6 enthielten früher manche Anordnungen von MilBefehlshabern, z. B. des st. GenKomm. III. b. AK., eine entsprechende Bestimmung. § 9 wird hiedurch nicht verletzt (Anm. 18 zu § 2).

7. Die Zustimmung ist vom vollbesetzten EA. zu erteilen, nicht vom Vorsitzenden allein, wie es verschiedene Anordnungen von MilBefehlshabern unter Zulassung der Beschwerde zum vollen EA. vorschrieben.

8. Ziff. 2 entspricht der Vorschrift des § 2 Ziff. 2. Im Gegensatz zu § 2 III S. 2 ist dem Vermieter hier nicht umgekehrt im Interesse des Mieters die Einhaltung einer angemessenen

Anrufungsfrist vorgeschrieben. Es genügt vielmehr die Anrufung des EA. innerhalb der von der Gemeindebehörde festgesetzten Frist (s. Anm. 6).

9. Durch Abs. II wird klargestellt, daß das Verfahren betreffend die Erteilung der Zustimmung prozessual mit dem Verfahren über die Fortsetzung und event. Abänderung des Mietverhältnisses nach § 2 verbunden werden kann. Eines besonderen Antrages des Mieters (§ 2 RKBek.) bedarf es in diesem Falle nicht, vielmehr erfolgt hier die Verlängerung des Mietvertrages und die anderweitige Regelung des Mieters von Amts wegen.

10. Die „andere Stelle“ nach § 11 I und das AG. nach § 11 II sind beim Fehlen eines gemeindlichen EA. nicht ohne weiteres zur Erteilung der Zustimmung zuständig, es bedarf hiezu vielmehr noch einer Sonderbestimmung der LandeszentralBeh., durch die nach freiem Ermessen die „andere Stelle“ oder das AG., aber auch jede andere staatliche oder gemeindliche Stelle zur Erteilung der Zustimmung für zuständig erklärt werden kann.

§ 7 (§ 3).

Das Einigungsamt entscheidet nach billigem Ermessen.[1] Vor der Entscheidung kann es eine einstweilige Anordnung erlassen.[2] Seine Entscheidungen sind unanfechtbar.[3]

Wird die Fortsetzung **oder die Verlängerung** des Mietverhältnisses angeordnet (§ 2 Abs. 1, 2, **§ 6**) **oder wird der Mietzins herabgesetzt (§ 5 Abs. 1 Nr. 2)**, so gelten die Bestimmungen des Einigungsamts als vereinbarte Bestimmungen des Mietvertrags.[4]

1. Die Entscheidung nach b i l l i g e m E r m e s s e n bedeutet ein doppeltes, nämlich in p r o z e s s u a l e r Hinsicht die Freiheit von jeder Bindung an gesetzliche Beweisregeln, so daß im Gegensatz zum ordentlichen Verfahren (§ 286 II ZPO.) insbesondere die Vorschriften über den zugeschobenen Eid und seine Wirkung (§ 463) ausgeschaltet sind; darüber hinaus ist das EA. auch nicht an bestimmte Beweisangebote der Beteiligten gebunden (s. § 7 RKBek.), es ist insbesondere im Gegensatz zum ordentlichen Verfahren nicht verpflichtet, Gründe für die Nichterhebung bestimmter Beweise anzugeben (Stein III, 2 zu § 286), darf aber andererseits auch nicht wie in einigen Fällen der ZPO. (z. B. §§ 3, 938) nach „freiem“ Ermessen, sondern nur nach „billigem“ Ermessen entscheiden.

Damit ist zugleich in m a t e r i e l l r e c h t l i c h e r Hinsicht, ähnlich wie in vereinzelten Fällen des BGB., z. B. §§ 315, 660, 2048, zum Ausdruck gebracht, daß das EA. bei seiner Entscheidung von allen Schranken des bürgerlichen Rechtes befreit ist, daß es also z. B. bei Beurteilung der Frage, ob eine Kündigung wirksam ist oder nicht, trotz des klaren Wortlauts des Gesetzes

z. B. § 554 (Verzug), § 565 (Kündigungsfrist) die Zulässigkeit der Kündigung verneinen oder bejahen kann. Hiebei folgt aus dem Grundsatz des Abs. I S. 1, daß trotz der Überschrift der VO. „zum Schutze der Mieter" das EA. u. U. auch eine privatrechtsmäßig ungültige Kündigung aus Billigkeitsgründen zugunsten des Vermieters für unwirksam erklären kann.

Das Ermessen muß sich innerhalb der Billigkeit bewegen, es darf nicht reine Willkür sein (Staudinger Anm. 5 zu § 660, Staatskomm. Ziff. 10 b). Es sind daher nicht bloß rechtliche, sondern auch wirtschaftliche Gesichtspunkte ausschlaggebend und es sind außer den rein sachlichen Umständen auch die persönlichen Verhältnisse der sämtlichen Beteiligten zu beachten. Dabei ist insbesondere zu berücksichtigen, daß eine angemessene Mietsteigerung oft geboten ist, um dem Hausbesitzer über die Schwierigkeiten hinwegzuhelfen, die ihm infolge der Erhöhung sämtlicher Preise, der Heraufsetzung der Hypothekzinsen, sowie in der Steigerung der Hausunkosten während des Krieges möglicherweise erwachsen sind (ähnl. ausdrücklich § 2 I österr. VO.). Auf der anderen Seite werden die Möglichkeit der Beschaffung einer Ersatzwohnung (MinBek. vom 25. September 1918, bayer. Staatsanzeiger Nr. 225), die bestehenden Umzugsschwierigkeiten, sowie der Gebrauchswert, den die Wohnung für den Mieter hat, in Betracht kommen (Begr. I). Unter den persönlichen Verhältnissen, die gegeneinander in billiger Weise abzuwägen sind, verdienen besonderer Hervorhebung z. B. Kinderreichtum des Mieters (MEA. Charlottenburg JW. 1918 S. 72, Staatskomm. Ziff. 10, d unten S. 106), Kriegsteilnehmerschaft, Vergleichung der Vermögensverhältnisse beider Streitsteile und darnach Beantwortung der Frage, welchem Teil ein bestimmtes Opfer leichter zuzumuten ist.

Daß die Entscheidung (§ 2 Ziff. 1) in der Regel zugunsten des Vermieters zu fällen ist, wenn der Mieter durch ständigen Verstoß gegen die Hausordnung, unsittlichen Lebenswandel, schuldhafte, dauernde Zahlungsverweigerung und grobe Verletzung anderer Mieterpflichten einen berechtigten Grund zur Kündigung gegeben hat, ist selbstverständlich (Staatskomm. Ziff. 10, e), dagegen ist die Absicht des Eigentümers, eine Wohnung in seinem eigenen Haus zu beziehen, bei der herrschenden Wohnungsknappheit und der Vermeidung von überflüssigen Umzügen nur dann ein Kündigungsgrund, wenn ein ernstlicher und dringender Wohnungsbedarf des Eigentümers — dieser besitzt z. B. als bisheriger Kriegsteilnehmer eine Wohnung überhaupt nicht oder muß seine bisherige Wohnung schuldlos räumen — dem Interesse des Mieters gegenüber vorzugsweise Berücksichtigung verdient (Begr. II).

Aus dem Grundsatz der Entscheidung nach billigem Ermessen folgt, daß das EA. in jedem Einzelfall nach dessen besonderen Verhältnissen zu entscheiden hat. Die MSchVO. vermeidet es deshalb im Gegensatz zur österr. VO. § 7 für die Kündigung des Vermieters bestimmte allgemeine, wichtige Gründe aufzuzählen oder den EA. bestimmte Richtlinien für ihre Entscheidungen zu erteilen (Begr. I; bayer. MinBek. vom 29. September 1917, Kriegsbeil. z. MABl. S. 861, IV). Nur § 4 S. 1 spricht von der Verweigerung der Erlaubnis aus einem wichtigen Grunde, ohne daß aber auch hier das billige Ermessen des Richters irgendwie eingeschränkt wird. Die Bekanntgabe fester, in der Praxis herausgebildeter Grundsätze durch das EA., wie sie vielfach geschieht und auch vom Staatskomm. Ziff. 10, b gebilligt wird, erscheint bedenklich, da im Publikum hiedurch die irrige Ansicht hervorgerufen wird, das EA. sei an solche von ihm selbst oder gewissen Interessenvertretungen, z. B. von Mieter- oder Hausbesitzervereinigungen, veröffentlichten Richtlinien gebunden (Mittelstein JW. 1918 S. 484; Pfeiffenberger S. 39). Sehr zweckmäßig erscheint dagegen die periodische Veröffentlichung von Gutachten und Entscheidungen des EA. in der Presse insbesondere zum Zwecke der Herbeiführung einer gewissen Stetigkeit der Rechtsprechung (vgl. auch Ziff. 7 des Berichtes über die Sitzung des Ausschusses deutscher Miet- und Hyp.-EA. in Leipzig vom 17. November 1917).

2. Hinsichtlich der Erlassung einstweiliger Anordnungen s. § 8 RKBek. (unten S. 67); über die diesbezügliche Befugnis des Vorsitzenden § 9 das.

3. a) Unanfechtbarkeit der Entscheidungen bedeutet

1. formelle Rechtskraft, d. h. Ausschluß jeden Rechtsmittels gegen die Sachentscheidungen des EA. einschließlich der einstweiligen Anordnungen. Inwieweit

2. der Entscheidung auch materielle Rechtskraft, d. h. Gebundenheit eines anderen Richters oder des EA. selbst an den Inhalt des Spruches zukommt, ist in Schrifttum und Rechtsprechung äußerst bestritten. Der VO. ist einerseits die Nichtigkeits- und Restitutionsklage der ZPO. (§§ 578 ff.), andererseits auch die Aufhebungsklage des schiedsrichterlichen Verfahrens (§ 1041 ZPO.) wegen bestimmter Verfahrensmängel fremd. Man wird deshalb diese zivilprozessualen Bestimmungen unter Berücksichtigung der Besonderheit des Verfahrens vor den EA und unter Beachtung allgemeiner rechtspolitischer Erwägungen (vgl. Oertmann JW. 1917 S. 957) hier sinngemäß in der Weise anzuwenden haben, daß von einer Unanfechtbarkeit im materiellen Sinn regelmäßig überall da keine Rede sein kann, wo im ordentlichen Verfahren die Nichtigkeitsklage und die Aufhebung eines Schiedsspruches nach § 1041 ZPO. zugelassen ist. Daraus folgt zunächst, daß ein wirksamer Spruch jedenfalls dann nicht vorhanden ist, wenn das EA. zu den Befugnissen nach §§ 2—6 seitens der zuständigen Behörde nicht ermächtigt ist oder die Ermächtigung nicht ortsüblich bekannt gemacht wurde oder wenn es seine Gerichtsbarkeit dadurch überschreitet, daß es über außerhalb der VO. liegende Gegenstände mitentscheidet, z. B. über das Recht des Vaters, den Wohnort der Kinder zu bestimmen (§ 1631 BGB.), ferner wenn ein vermeintlich Beteiligter tatsächlich oder mangels Parteifähigkeit rechtlich nicht existiert oder wenn dem Spruch die äußere Form eines Beschlusses (§ 11 RKBek.) fehlt (Stein Vorbem. zu § 578 S. 152).

Klar ist umgekehrt, daß eine Entscheidung nicht auf die Richtigkeit ihres materiellen Inhalts hin nachgeprüft werden kann, z. B. ob das Einigungsamt zu Unrecht ein Mietverhältnis angenommen hat (§ 2 Ziff. 1), ob ein wichtiger Grund zur Erlaubniserteilung nach § 4 vorlag oder die Herabsetzung des Mietzinses nach § 5 angemessen war. Auch die Entscheidung über die „Unverzüglichkeit" der Antragstellung ist, weil materiellrechtlichen Inhalts, ebenso bindend wie eine diesbezügliche Entscheidung des ordentlichen Gerichts nach § 121 BGB. (Stern S. 40; a. M. Oertmann a. a. O.). Das gleiche gilt ferner dann, wenn das EA. in der Sache entschieden hat, obwohl die Mietzeit abgelaufen oder die Fortsetzung des Mietverhältnisses bereits vereinbart war (§ 2 Abs. !II); man denke z. B. an den ähnlichen Fall des § 465 BGB., in welchem ein rechtskräftiges Urteil, das die Minderung anerkennt, obwohl sich der Verkäufer mit der Wandelung einverstanden erklärt hat, ebenfalls bindend ist (ebenso Lesser JW. 1918 S. 762).

Bei der Verletzung prozessualer Bestimmungen ist zu unterscheiden, ob es sich um eine „Soll"vorschrift oder um eine „Muß"vorschrift handelt. Ist lediglich eine „Soll"vorschrift verletzt, z. B. der Antrag nur mündlich gestellt (§ 2 RKBek.) oder die Ladung nicht in der richtigen Form erfolgt (§ 5 das.) oder haftet dem Verfahren ein sonstiger für die Endentscheidung nicht wesentlicher Mangel an, ein Zeuge ist z. B. zu einer Haftstrafe anstatt zu einer Geldstrafe verurteilt worden (§ 7 RKBek.; § 380 ZPO.), so ist die Entscheidung nicht nachprüfbar. Das gleiche gilt, obwohl es sich um einen ausschließlichen Gerichtsstand handelt, ebenso wie im Zivilprozeß beim Mangel der örtlichen Zuständigkeit (ebenso Mittelstein JW. 1917 S. 922; a. M. Pfeiffenberger S. 41). Ist dagegen eine wesentliche Verfahrensvorschrift nicht beachtet, das EA. war z. B. nicht ordnungsmäßig besetzt (§ 8) oder der Antraggegner wurde nicht gehört (§ 1041 Ziff. 4 ZPO.) oder es wirkte ein ausgeschlossener oder mit Erfolg abgelehnter Richter an der Entscheidung mit (§ 1 II RKBek.; § 579 Ziff. 2 ZPO.), so ist der ordentliche Richter nicht an den Spruch des EA. gebunden. Über den Nachweis der für die mündliche Verhandlung vorgeschriebenen Förmlichkeiten s. Anm. 2 zu § 10 RKBek. Nichtig ist auch ein Spruch, der eine Verurteilung zu einer gesetzlich verbotenen oder unsittlichen Handlung enthält (§ 1041 Ziff. 2 ZPO.).

Beruht die Entscheidung des EA. auf einer falschen Aussage eines Beteiligten oder eines Zeugen oder auf dem Inhalt einer fälschlich angefertigten oder verfälschten Urkunde (vgl. die Fälle der Restitutionsklage nach § 580 ZPO.), so ist der Spruch hiewegen nicht ungültig, die durch die Täuschung benachteiligte Partei kann ihn jedoch einredeweise z. B. in einem beim ordentlichen Gericht anhängigen Räumungsprozeß nach den Vorschriften des allgemeinen bürgerlichen Rechtes (§§ 123 ff. BGB.) anfechten (vgl. § 318 II BGB. und Anm. 4).

b) Der Spruch ist unabänderlich auch für das EA. selbst (§ 318 ZPO.). Eine Nachprüfung ist nur insoweit möglich, als sie nach dem unter a Ausgeführten dem ordentlichen Gericht gestattet ist. Dies folgt für die meisten Fälle auch aus Abs. II, der die Bestimmungen des EA. zu einem Bestandteil des Mietvertrages erklärt. Es kann deshalb eine Abänderung der Entscheidung weder auf nachträglich vorgebrachte Tatsachen gestützt noch einseitig von einer Partei beantragt werden, vielmehr bedarf es hiezu eines Übereinkommens der Parteien (ebenso Stern S. 41 und nunmehr Rohde S. 46). Die Erteilung der Zustimmung zur Kündigung nach § 6 kann als eine Art „freiwillige Gerichtsbarkeit" und, weil insoweit § 7 II nicht gilt, bis zu dem Zeitpunkt zurückgenommen werden, in dem sie dem Mieter gegenüber wirksam wird (Anm. 6 zu § 6); die einmal erteilte Erlaubnis nach § 4 ist ebenso unwiderruflich wie die vom Vermieter selbst erteilte (Anm. 3 zu § 4).

Dem Grundsatz der Unabänderlichkeit der Entscheidungen widerspricht es nicht, daß z. B. der Vermieter aus einem nach Erlassung des Spruches sich ergebenden neuen Grunde kündigt (§ 2 Ziff. 1) oder wenn erst nach der Erteilung der Erlaubnis (§ 4) ein wichtiger Grund zur Kündigung entsteht, da hier Rechte auf Grund eines neuen Tatbestandes geltend gemacht werden (ebenso Stern a. a. O.).

c) Der materiellen Rechtskraft unterliegt nicht nur ein Spruch, der dem an das EA. gestellten Antrag stattgibt, sondern auch ein solcher, durch den der Antrag abgelehnt wird. Erhebt also z. B. der Vermieter eine Räumungsklage beim ordentlichen Gericht, so ist diese an die Feststellung des EA. gebunden, die Kündigung sei wirksam. Aus dem gleichen Grunde kann auch der ordentliche Richter bei Würdigung der Frage, ob die Kündigung des Mieters unter Einhaltung der gesetzlichen Frist (§ 549 BGB.) zulässig sei, nicht entgegen dem Spruch des EA. (§ 4) feststellen, ein wichtiger Grund zur Versagung der Erlaubnis habe nicht bestanden (ebenso Stein § 322, V, 1 Anm. 74; a. M. Mittelstein JW. 1917 S. 923; Lesser a. a. O.).

d) Bindende Kraft besitzt der Spruch, wenn er im unmittelbaren Anschluß an eine mündliche Verhandlung ergeht, mit seiner Verkündung, außerdem erst mit der Zustellung an die Parteien (Anm. 2 zu § 12 RKBek.). Vorher ist der ordentliche Richter mangels einer gesetzlichen Vorschrift, die etwa wie § 5 der Bek. über Sammelheizungs- und Warmwasserversorgungsanlagen in Mieträumen vom 2. November 1917, RGBl. S. 989 eine den §§ 151 ff. ZPO. entsprechende zwingende Aussetzungsvorschrift enthielte, nicht gezwungen, z. B. einen Räumungsprozeß deswegen auszusetzen, weil gleichzeitig ein Verfahren bezüglich der Wirksamkeit der Kündigung des Vermieters vor dem EA. anhängig ist. Das ordentliche Gericht wird trotzdem zweckmäßigerweise in entsprechender Anwendung des § 148 ZPO. regelmäßig das Verfahren bis zur Erlassung des Spruches durch das EA. aussetzen. Macht es von dieser Befugnis keinen Gebrauch, so bleibt dem Mieter nichts anderes übrig, als die nachträglich ergehende Entscheidung des EA. entweder nach Einlegung der Berufung im

2. Rechtszuge oder wenn die Rechtsmittelfrist bereits verstrichen ist, im Wege der Vollstreckungsgegenklage nach § 767 ZPO. zu verwerten.

Lag der Spruch des EA. bereits beim Schluß der letzten mündlichen Verhandlung des ordentlichen Gerichts vor, so kann der Mieter die drohende Vollstreckung aus dem Räumungsurteil nur durch Einlegung der Berufung abwenden, der Weg der Vollstreckungsgegenklage ist ihm gem. § 767 II ZPO. verschlossen; versäumt er diesenfalls auch die Berufungsfrist oder ist, weil es sich bereits um ein zweitinstanzielles Urteil handelt, die Einlegung eines Rechtsmittels nicht mehr möglich, so ist an der Vollstreckbarkeit der Entscheidung des ordentlichen Gerichts trotz des Spruches des EA., der seinerseits nicht vollstreckbar ist, nichts zu ändern (Mittelstein JW. 1917 S. 922). Wird während des Verfahrens vor dem ordentlichen Gericht, gleichgültig ob dasselbe ausgesetzt war oder nicht, vor dem EA. ein Vergleich geschlossen und enthält der Vergleich nicht ausdrücklich eine Bestimmung über die Verteilung der im ordentlichen Verfahren erwachsenen Kosten, so wird der anhängige Rechtsstreit hinsichtlich des Kostenpunktes fortgesetzt; mangels einer Rechtskraftwirkung des Vergleiches (Stein § 794, II, 3) ist hiebei das ordentliche Gericht nicht an die im Vergleich getroffenen sachlichen Feststellungen gebunden.

4. Abs. II enthält ähnlich wie § 894 ZPO. die gesetzliche Fiktion, daß der Richterspruch die Willenserklärungen der Beteiligten unmittelbar zu ersetzen bestimmt ist. Daraus folgt, daß es nicht einer weiteren Klage auf Eingehung eines Mietvertrages auf der Grundlage der Bestimmungen des EA. bedarf, sondern daß die Bestimmungen des EA. ebenso wie ein unter den Parteien zustande gekommener Vertrag direkt für und gegen jedermann, z. B. gegen den Rechtsnachfolger des Vermieters (§§ 571 ff. BGB.), wirken. Soweit allerdings eine Person an dem Mietverhältnis unmittelbar als sachlich beteiligt in Betracht kommt, wie z. B. ein Mitmieter, der mit seiner Ehefrau im gesetzlichen Güterstand der Verwaltung und Nutznießung lebende Ehemann oder der gesetzliche Vertreter eines Geschäftsunfähigen vgl. hiezu Anm. 2 zu § 4 RKBek., wirkt ihr gegenüber der Spruch des EA. nur, wenn sie auch zum Verfahren vor dem EA. zugezogen war. Wurde ihr die Gelegenheit nicht gegeben, am Verfahren sich zu beteiligen (Anm. 2 zu § 3 RKBek.), so ist der Spruch ebenso wie ein ohne sie zustande gekommener Vertrag ihr gegenüber bedeutungslos (a. M. (Pfeiffenberger S. 42) und unterliegt im Verhältnis zu ihr der Nachprüfung des ordentlichen Gerichts (Anm. 3 a). Da die Bestimmungen des EA. als vereinbarte Bestimmungen des Mietvertrags gelten, so finden auf sie auch unmittelbar die Vorschriften des bürgerlichen Rechtes über die Anfechtung von Willenserklärungen wegen Irrtums, Täuschung und Drohung (§§ 119, 123 BGB.) Anwendung. Der Inhalt des Spruches kann deshalb auch jederzeit durch anderweitige Vereinbarung der Parteien geändert werden. § 9 steht dem nicht entgegen (s. die dortige Anm. a. E.).

Abs. II zählt ausdrücklich bloß die Fälle der §§ 2, 5 und 6 auf, er ist deshalb auf andere Fälle, insbesondere des § 3 unanwendbar (s. Anm. 3 zu § 3).

§ 8 (§ 4).

Das Einigungsamt entscheidet in der Besetzung von einem Vorsitzenden und mindestens zwei Beisitzern.[1] Der Vorsitzende muß zum Richteramt oder höheren Verwaltungsdienste befähigt sein;[2] die Beisitzer müssen zur Hälfte dem Kreise der Hausbesitzer, zur Hälfte dem der Mieter angehören.[3] Das Nähere über die Besetzung bestimmt die Landeszentralbehörde.[4]

1. Alle Entscheidungen über die Hauptsache nach §§ 2—6 einschließlich des Beschlusses im Kosten- und Gebührenpunkt (§ 14 II) müssen von dem vollbesetzten EA. getroffen werden. Das gleiche gilt für Beschlüsse aller Art, die innerhalb einer Sitzung gefaßt werden, z. B. für Beweisbeschlüsse (§ 7 RKBek.), einstweilige Anordnungen (§ 8 RKBek.) und Ersuchen um Rechtshilfe (§ 7 III a. a. O.). über die Befugnis des Vorsitzenden, außerhalb der Sitzung hierüber allein zu entscheiden, s. § 9 RKBek., über sein Recht zu Vorverhandlungen mit den Beteiligten und zum Abschluß eines Vergleiches s. § 4 II Satz 2 und § 10 I Satz 2 RKBek.

Das EA. entscheidet in der Besetzung von mindestens 3 Mitgliedern einschließlich des Vorsitzenden; mit Ermächtigung der LandeszentralBeh. (Satz 3) kann allgemein oder für bestimmte Streitigkeiten eine größere Zahl von Beisitzern zugezogen werden. In Preußen wird regelmäßig die verschiedene Bemessung der Zahl der Beisitzer nach der Bedeutung des Streitgegenstandes nicht zugelassen (Staatskomm. Ziff. 4). Ein bestimmtes Lebensalter ist für die Mitglieder des EA. nicht vorgeschrieben (anders GVG. § 11), Vorhandensein der Geschäftsfähigkeit genügt. Die Mitglieder des EA. unterliegen nicht den landesrechtlichen Richterdisziplinarvorschriften, sie sind aber Richter im Sinne des § 334 StGB. (Richterbestechung), da sie kraft ihres Amtes Rechtsstreitigkeiten in einem geordneten Verfahren zu erledigen haben (Olshausen 1 a). Aus dem gleichen Grunde besteht für sie oder für den Staat oder für die Gemeinde (Art. 77 EG. BGB.) auch keine Schadensersatzverbindlichkeit aus der Verletzung einer Amtspflicht bei einer Sachentscheidung (§ 839 II BGB.), da Urteil im Sinne dieser Gesetzesbestimmung auch ein „Beschluß" (§ 11 RKBek.) ist, durch welchen das Prozeßrechtsverhältnis für die Instanz beendet wird (Staudinger § 839, 6 b). Eine Schadensersatzpflicht kann dagegen begründet sein durch die Verletzung gewisser zwingender, im Interesse eines Beteiligten liegender Verfahrensvorschriften, z. B. des Grundsatzes des rechtlichen Gehörs (§ 3 I RKBek.). Liegt eine Verletzung solcher Verfahrensvorschriften nicht vor, so ist mangels jeden Rechtstitels ein Anspruch auf Ersatz von Aufwendungen eines Beteiligten, welche infolge des Spruches gemacht werden müssen, gegen Mitglieder des EA. oder gegen Staat und Gemeinde ausgeschlossen (ebenso Mittelstein JW. 1918 S. 484; Pfeiffenberger S. 30 und jetzt auch Rohde S. 81 mit anderer Begr.).

Über die Verpflichtung der Mitglieder durch Handschlag an Eides Statt, ihre Verpflichtung zur Amtsverschwiegenheit und über die Ausschließung und Ablehnung von der richterlichen Tätigkeit s. § 1 RKBek. (unten S. 53/4).

2. Über die Befähigung zum Richteramt s. §§ 22ff. GVG. und die landesrechtlichen Bestimmungen hiezu (zit. bei Neumiller ZPO. S. 656), über die Befähigung zum höheren Verwaltungsdienst s. preuß. Gesetz vom 10. August 1906, GS. 378, bayer. VO. vom 22. Oktober 1910, JMBl. S. 773. Es ist außerdem darauf zu sehen, daß zum Vorsitzenden eine möglichst unabhängige und unparteiische Persönlichkeit gewählt wird, weshalb es sich verbietet, Leiter oder Rechtsbeistand von Hausbesitzer- und Mieterorganisationen zu Vorsitzenden zu ernennen (Staatskomm. Ziff. 5). Dagegen fehlt eine dem § 12 I GGG. entsprechende Vorschrift; es steht also nichts im Wege, daß der Vorsitzende dem Kreise der Hausbesitzer oder Mieter angehört. Die Bestellung des Vorsitzenden, der nicht notwendig Gemeindebeamter sein muß, erfolgt bei einem gemeindlichen EA. durch die Gemeindebehörde, bei einer „anderen Stelle" (§ 11 I) zugleich mit der Ermächtigung durch die LandeszentralBeh. (§ 1); bei einem gemeindlichen EA. ist der LZBeh. zwar mitzuteilen, wer zum Vorsitzenden und dessen Stellvertreter bestimmt ist (Staatskomm. Ziff. 5), eine förmliche Genehmigung, wie z. B. nach § 17 GGG., ist nicht erforderlich.

3. Es gilt der zwingende Grundsatz der Parität. Ein Verstoß hiegegen macht die Entscheidung nichtig und erzeugt insbesondere keine Bindung des ordentlichen Gerichts (Anm. 3a zu § 7). Daß ein Hausbesitzer zugleich Mieter ist und umgekehrt, ist ohne Einfluß auf die Rechtmäßigkeit der Besetzung; der Hausbesitzer braucht auch nicht unbedingt ein Vermieter zu sein. Die Beisitzer müssen die Eigenschaft eines Hausbesitzers oder Mieters im Zeitpunkt der Entscheidung besitzen, ihr Vorhandensein zur Zeit der Berufung genügt nicht (a. M. Pfeiffenberger S. 44). Wohnsitz der Beisitzer in der Gemeinde ist zwar wegen der Vertrautheit mit den örtlichen Verhältnissen zweckmäßig, aber nicht gesetzlich erfordert (anders österr. VO. § 13). Das Amt der Beisitzer ist ein Ehrenamt, Anspruch auf Ersatz ihrer Barauslagen und auf Vergütung für Zeitverlust haben sie im Gegensatz zum österr. Recht (§ 13) nicht, es sei denn, daß die LZBeh. nach Satz 3 eine entsprechende Verfügung erläßt. Der freiwilligen Erstattung der Auslagen durch die Gemeindebehörde steht nichts im Wege (Helmreich-Rock, Bayer. GemO. Art. 38 Anm. 4). Die Bestellung der Beisitzer erfolgt nicht durch Wahlen der betreffenden Interessentengruppe (vgl. §§ 13ff. GGG.), sondern auf dem gleichen Wege wie die des Vorsitzenden (s. Anm. 2), also regelmäßig durch die Gemeindebehörde. Die verschiedenen Interessenverbände sind aber mit ihren Vorschlägen zu hören und zwar bei der Bestellung der Mietervertreter nicht nur die Mietervereinigungen, sondern auch andere Berufsverbände, die ganz oder überwiegend den Mieterstand vertreten, wie Beamten- und Angestelltenvereinigungen, Gewerkschaften, Konsumvereine u. dgl. (bayer. MinBek. vom 29. September 1917, II MinBl. S. 860). Auch Frauen können als Beisitzer tätig sein.

Im Verfahren vor dem Amtsgericht als EA. entscheidet der Amtsrichter ohne Beisitzer (§ 11 II).

4. Von näheren Bestimmungen über die Besetzung wurde sowohl in Bayern wie in Preußen bis auf weiteres ausdrücklich abgesehen (preuß. MinErl. vom 2. August 1917 und bayer. Min.-Bek. vom 29. August 1917 a. a. O.).*) Durch solche nähere Bestimmungen könnte insbesondere die Wahl der Beisitzer durch die Interessengruppen, der zurzeit nicht bestehende Zwang zur Annahme des Amtes eines Beisitzers unter gleichzeitiger Aufstellung bestimmter Ablehnungsgründe (s. österr. VO. §§ 13/4) und die Erstattungsfähigkeit der baren Auslagen eingeführt werden.

§ 9 (§ 5).

Die Anwendung dieser Verordnung kann durch Vereinbarung der Parteien nicht ausgeschlossen oder beschränkt werden.

In prozessualer Hinsicht bedeutet dieser Satz, daß ein Verzicht auf den Rechtsschutzanspruch gegenüber dem gesetzlich zuständigen EA. und auf das Recht zur Antragstellung in einem künftig strittig werdenden Fall unter den Parteien unwirksam ist, da die Verpflichtung des Staates und der Gemeinde zur Rechtsschutzgewährung öffentlichrechtlicher Natur und daher von dem Willen der Parteien unabhängig ist (Stein Vorbem. zu § 253, IV, 1). Anders verhält es sich mit einem Verzicht auf Parteirechte in einem bereits anhängigen, eine konkrete Angelegenheit betreffenden Streite; hier kann und muß regelmäßig eine Zurücknahme oder Anerkennung des Anspruches bei der Entscheidung beachtet werden.

In materiellrechtlicher Beziehung ist durch § 9 zum Ausdruck gebracht, daß die Vorschriften der MSchVO., da im öffentlichen Interesse erlassen, zwingend sind. Entgegenstehende Abmachungen, z. B. daß die Untermiete nach § 4 gänzlich ausgeschlossen (Mittelstein S. 480) oder daß eine Kündigung auch ohne Zustimmung des EA. (§ 6) rechtsgültig sein solle, sind nach § 134 BGB. nichtig. Die Rechtsunwirksamkeit wirkt für und gegen jedermann, nicht nur zugunsten des Mieters und ist vom EA. von Amts wegen (RGZ. Bd. 61 S. 267) zu berücksichtigen. Ob die Nichtigkeit dieses Teiles eines Mietvertrages die Unwirksamkeit des ganzen Vertrages zur Folge hat, ist eine Frage der Auslegung nach § 139 BGB. im einzelnen Fall; die Nichtigkeit wird jedenfalls dann immer zu verneinen sein, wenn nach der Sachlage anzunehmen ist, daß die Parteien sich der Unzulässigkeit

*) Über die Mitwirkung von Mitgliedern des örtlichen Arbeiter- und Bauernrates s. jetzt die bayer. Bek. vom 23. April 1919 (Anh. S. 117).

der Vereinbarung bewußt waren (Staudinger § 139 Anm. 5). Nichtig ist nur die Ausschließung oder Beschränkung der VO. für die Zukunft und einen nicht näher bestimmbaren Anwendungsfall; daraus folgt, daß Vereinbarungen der Parteien in bezug auf einen speziellen Fall, z. B. ob eine bestimmte Kündigung wirksam sein soll oder nicht, rechtsgültig sind, ohne Rücksicht darauf, ob die Vereinbarung vor Beginn oder während des Verfahrens vor dem EA. getroffen wird. Die Zulässigkeit der Änderung oder Aufhebung des Inhalts eines Spruches durch Parteiübereinkunft nach Erlaß der Entscheidung folgt aus § 7 II.

§ 10 (§ 6).

Die Landeszentralbehörden können die Gemeinden zur Errichtung von Einigungsämtern anhalten, die den Vorschriften des § 8 entsprechen.

Über den Begriff „Landeszentralbehörde" s. Anm. 2 zu § 1. Der preuß. Staatskommissar für das Wohnungswesen hat davon Abstand genommen, Gemeinden von bestimmter Größe oder in bestimmter Lage die Errichtung eines EA. vorzuschreiben, er hat sich in seinem Runderlaß (s. Anh. S. 104) lediglich auf eine Mahnung beschränkt, es sei ein EA. überall dort unverzüglich einzurichten, wo ein solches noch nicht bestehe und nicht jedes Bedürfnis hiefür fehle. Das bayer. Min. des Innern hingegen hat es in Ziff. 3 seiner Bek. vom 20. August 1917 (s. Anh. S. 109) allen Gemeinden mit mehr als 10000 Einwohnern zur Pflicht gemacht, Einrichtungen im Sinne des § 8 zu treffen. Grundlage für die Einwohnerzahl bildet die Volkszählung vom 1. Dezember 1910, da die sämtlichen Volkszählungen während des Krieges ausdrücklich als hiefür unmaßgeblich bezeichnet sind (Art. 203 bayer. GemO.; BBek. vom 18. Oktober 1917 RGBl. S. 908 § 10). Die Einrichtung und Unterhaltung des EA. bildet eine gesetzliche Gemeindelast im Sinne des Art. 38 GemO.: im Falle der Nichterfüllung kann die säumige Gemeinde im Wege des staatsaufsichtlichen Verfahrens nach Art. 156, 157 GemO. zur Durchführung ihrer Obliegenheit angehalten und die notwendigen Mittel event. zwangsweise in den Gemeindeetat eingesetzt werden (für Preußen s. entspr. § 19 d. Ges. über die Zuständigkeit der Verwaltungsbehörden).

Der Zwang ist nur gegenüber Gemeinden möglich, nicht auch gegenüber „anderen Stellen" nach § 11 I.

§ 11 (§ 7).

Die Landeszentralbehörden können, soweit Einigungsämter nicht errichtet sind, die in den §§ 2 bis 5 vorgesehenen Befugnisse einer anderen Stelle übertragen, wenn die Zusammensetzung dieser Stelle den Vorschriften des § 8 entspricht.[1]

Solange im Bezirk einer Gemeinde die im § 2 vorgesehenen Befugnisse weder einem Einigungsamte noch einer anderen Stelle übertragen sind, sind die Amtsgerichte für die im § 2 bezeichneten Entscheidungen zuständig; die Vorschriften des § 8 finden keine Anwendung.[2]

1. Andere Stelle, der die Befugnisse eines EA. durch die LandeszentralBeh. (s. hierüber Anm. 2 zu § 1) übertragen werden können, sind z. B. Gewerbe- und Kaufmannsgerichte, gemeinnützige Rechtsauskunftsstellen von Genossenschaften, Handels- und Handwerkskammern, ferner land- und forstwirtschaftliche Vereine, wie z. B. in Gera (Reichskriegsbl. 1917 S. 1025). Diese Stellen haben schon früher nebenher eine ähnlich vermittelnde Tätigkeit entfaltet wie die gemeindlichen EA. nach der VO. vom 15. Dezember 1914 (S. 89 ff.), weshalb ihre Ausstattung mit Entscheidungsbefugnis überall dort zu empfehlen ist, wo kein EA. besteht (Mittelstein JW. 1917 S. 795). Hinsichtlich der Übertragung der Befugnisse nach § 6 s. die dortige Anm. 10, über die Zuständigkeit zu Entscheidungen nach der WVO. s. § 1 Abs. II das. Nach dem Wortlaut „soweit EA. nicht errichtet sind" ist anzunehmen, daß die Tätigkeit einer „anderen Stelle" nicht neben dem gemeindlichen EA. in der Gemeinde oder einem Teil derselben zulässig ist.

2. Abs. II wurde durch VBek. vom 15. September 1917 (RGBl. S. 834) angefügt, um den besonderen Rechtsschutz, den die MSchVO. bietet, auch in Bezirken, in denen ein EA. nicht errichtet ist, zu gewähren. Auf das Verfahren vor dem AG. finden die gleichen Vorschriften wie für die EA. mit den in § 15 RKBek. gemachten Ausnahmen und mit der Maßgabe Anwendung, daß hier wie auch sonst im Zivilprozeß (§ 22 I GVG.) der Amtsrichter ohne Beisitzer entscheidet. Wo ein EA. besteht und die Ermächtigung nach § 1 erhalten hat, tritt die Ersatzzuständigkeit des AG. auch dann nicht ein, wenn die Zuständigkeit des EA. beschränkt ist (Begr. zur VBek. vom 15. September 1917, Reichsanz. Nr. 221 vom 17. September 1917).

Mit der Ermächtigung des EA. hört die Zuständigkeit des AG. auf; bereits anhängige Sachen sind vom AG. in entsprechender Anwendung des § 505 ZPO. zu überweisen (Bek. des bayer. JustMin. vom 1. Oktober 1917, JustMinBl. S. 239). Die gegenteilige Ansicht Pfeiffenbergers S. 46, die Überweisung sei mit Rücksicht auf § 245 ZPO. nicht möglich und es müsse deshalb die Sache vor dem neuerrichteten EA. neu behandelt werden, ist abzulehnen, da § 245 sich nur auf die tatsächliche Unterbrechung der Gerichtstätigkeit (justitium) bezieht, nicht aber auf den Fall, daß ein ordentliches Gericht angerufen ist in einer Sache, für deren Entscheidung ein besonderes Gericht besteht; hier handelt es sich um einen Fall von sachlicher Unzuständigkeit (Stein Vorbem. IV Anm. 100 zu § 1).

§ 12 (neu).

Die Landeszentralbehörden können die ihnen nach den §§ 1, 5, 6, 10 zustehenden Befugnisse einer anderen Behörde übertragen.

Der durch die Novelle vom 23. September 1918 eingefügte § 12 dient dem Zweck, die Zentralinstanz zu entlasten und an deren Stelle einer unteren Staatsaufsichtsbehörde mit Rücksicht auf ihre bessere Kenntnis der örtlichen Verhältnisse die Erteilung der Ermächtigung nach §§ 1, 5 und 6 und die Ausübung eines Zwanges nach § 10 zu überlassen. Der preuß. Staatskomm. für das Wohnungswesen hat von dieser Möglichkeit nur durch die Übertragung seiner Befugnisse nach § 6 auf die Regierungspräsidenten, für Berlin auf den Oberpräsidenten Gebrauch gemacht. Das bayer. Ministerium hat eine Delegation seiner Befugnisse bisher nicht vorgenommen.

§ 13 (neu).

Aus Vergleichen,[1] die vor dem Einigungsamte[2] zwischen dem Vermieter und dem Mieter oder einem Dritten[3] abgeschlossen sind, findet die gerichtliche Zwangsvollstreckung[4] statt.

1. Die Verleihung der Vollstreckbarkeit der Vergleiche durch die Nov. vom 23. September 1918 entspricht einem in der Praxis hervorgetretenen, insbesondere auf der Versammlung deutscher MEA. in Frankfurt a. M. am 5. August 1918 festgestellten Bedürfnis (Begr. II Abs. 11). Die „Entscheidungen" der EA. sind dagegen nicht vollstreckbar; hiezu ist vielmehr noch eine weitere Entscheidung des ordentlichen Gerichts notwendig. Die Vollstreckbarkeit der Entscheidungen kann bei der erschöpfenden Regelung der Materie durch die MSchVO. auch nicht durch das Landesrecht etwa auf Grund des § 801 ZPO. festgesetzt werden.

Der Begriff des „Vergleiches" ist der nämliche wie im Zivilrecht. Man versteht darunter einen Vertrag, durch den der Streit oder die Ungewißheit der Parteien über ein Rechtsverhältnis im Wege des gegenseitigen Nachgebens beseitigt wird (§ 779 BGB.). Erkennt eine Partei alle Ansprüche der Gegenpartei an, ohne daß diese ihrerseits irgend ein, wenn auch nur das bescheidenste Zugeständnis (z. B. Übernahme der baren Auslagen) macht, so liegt materiellrechtlich ein Vergleich nicht vor (vgl. Stein § 774 II). Trotzdem wird man aber, wenn in der Form des Prozeßvergleiches der Gegner das Anerkenntnis angenommen hat, im Interesse der Vollstreckbarkeit eines solchen Schuldanerkenntnisvertrages (§ 781) einen Vergleich im Sinne des § 13 annehmen dürfen.

Voraussetzung der Vollstreckbarkeit ist, daß durch den Vergleich ein Rechtsstreit über eine Angelegenheit beseitigt wird, die im Falle der Durchführung des Verfahrens der Entscheidung des EA. nach §§ 2—5 unterliegen würde. War dagegen das EA. lediglich als Schlichtungsstelle hinsichtlich eines anderen Gegenstandes, z. B. wegen der Nichtzahlung des Mietzinses oder Beeinträchtigung der Mietsache durch den Mieter nach der VO. vom 15. Dezember 1914 angerufen, so ist ein hierüber zustande gekommener Vergleich nicht vollstreckbar. Anders ist dagegen der Fall zu beurteilen, daß zur Beilegung eines Streites nach §§ 2—5 auch andere außerhalb des Rechtsstreites liegende Rechtsverhältnisse der Parteien zum Gegenstand des Vergleiches gemacht werden; hat z. B. der Mieter die Wirksamkeit der Kündigung gegen Übernahme der Umzugskosten durch den Vermieter anerkannt, so erstreckt sich die Vollstreckbarkeit des Vergleiches auch auf diese von dem Vermieter übernommene Verbindlichkeit.

Wird der Vergleich nach §§ 119 ff. BGB. angefochten oder wird seine Nichtigkeit mit Erfolg geltend gemacht, so ist das EA. zur Prüfung dieser Fragen und zur neuerlichen Sachentscheidung berufen.

2. Die Vollstreckbarkeit ist davon abhängig, daß der Vergleich vor dem Einigungsamte abgeschlossen ist. Es genügt auch der Abschluß vor dem Vorsitzenden allein (§§ 4 II Satz 2, 10 I Satz 2 RKBek.); die gegenteilige Meinung Rohdes S. 52 beruht auf der Verkennung der Worte „vor dem EA.“, durch die lediglich zum Ausdruck gebracht werden soll, daß außeramtliche Privatvergleiche nicht vollstreckbar seien, nicht aber, daß das EA. in diesem Falle nach § 8 MSchVO. besetzt sein müsse. Über die erforderlichen Formvoraussetzungen, insbesondere über die Notwendigkeit der Unterschrift durch die Beteiligten s. § 10 RKBek. Bezüglich der Erteilung der Vollstreckungsklausel s. § 13 RKBek.

3. Der Vergleich braucht sich ebenso wie ein Prozeßvergleich nach § 794 II Ziff. 1 ZPO. nicht nur auf Rechtsverhältnisse zu erstrecken, die den unmittelbaren Gegenstand des Streites unter den Parteien bilden, die Erreichung einer gütlichen Erledigung des Streitfalles kann es notwendig machen, daß beim Abschluß des Vergleiches auch ein Dritter, bisher am Verfahren gänzlich Unbeteiligter als vertragschließend mit auftritt, z. B. dann, wenn der Dritte ein Interesse an der zu räumenden Wohnung hat und sich deshalb dem Mieter zur Zahlung der Umzugskosten erbietet. Solchenfalls ist aber auch der die Verpflichtung des Dritten enthaltende Teil des Vergleiches ohne weiteres vollstreckbar.

Die Partei- und Prozeßfähigkeit der Beteiligten (§§ 50, 52 ZPO.) und die gehörige Bevollmächtigung der Vertreter derselben speziell zum Abschluß eines Vergleiches (§ 81 ZPO.) ist Voraussetzung für die Gültigkeit. Die Bestimmung, daß das EA. den Mangel der Vollmacht unberücksichtigt lassen könne (§ 5 III Satz 2), ist hier wegen der rein zivilrechtlichen Wirkungen der vollmachtslosen Stellvertretung (§§ 177 ff. BGB.) ohne Bedeutung. Eine vollstreckbare Ausfertigung des Vergleiches darf immer erst erteilt werden, wenn eine schriftliche Vollmacht vorliegt (§ 13 I Satz 2 RKBek.).

4. Gerichtliche Zwangsvollstreckung nach den Vorschriften des 8. Buches der ZPO., im Gegensatz zur Vollstreckung des Bescheides über die Gebühr und die baren Auslagen, welche wie Gemeindeabgaben beigetrieben werden (§ 14 I RKBek.). Die Einleitung der Zwangsvollstreckung ist von vorheriger Zustellung an den Schuldner abhängig (§ 750 ZPO.), obwohl der Vergleich in Anwesenheit des Schuldners abgeschlossen ist (s. dagegen hinsichtlich der Beschlüsse § 12 II RKBek.). In entsprechender Anwendung des § 57 IV GGG. dürfte die Zustellung durch das EA. (§ 12 a. a. O.) an Stelle der Zustellung durch den Gerichtsvollzieher auf Betreiben des Gläubigers genügen. Ist der Schuldner eine Militärperson, so darf die Zwangsvollstreckung erst nach erfolgter Anzeige an die vorgesetzte Militärbehörde beginnen (§ 752 ZPO.).

Die Zwangsvollstreckung in körperlichen Sachen erfolgt durch Gerichtsvollzieher (§§ 753, 808 ff.), desgl. die Vollstreckung der Verpflichtung zur Räumung (§ 885), die Vollstreckung in Forderungen und andere Vermögensrechte durch das AG., in dessen Bezirk der Schuldner seinen Wohnsitz bzw. Aufenthalt hat (§§ 829 ff. ZPO. — § 2 I RKBek. findet hier keine Anwendung), die Zwangsvollstreckung ins unbewegliche Vermögen erfolgt nach den Grundsätzen der §§ 864 ff. und des Gesetzes über die Zwangsversteigerung und Zwangsverwaltung vom 24. März 1897. Im Falle der Zuwiderhandlung des Schuldners gegen seine Verpflichtung, eine Handlung zu unterlassen oder die Vornahme einer Handlung zu dulden, ist an Stelle des EA. das AG. zum Erlaß eines Strafbeschlusses (§ 890 ZPO.) zuständig (§ 13 RKBek. in entspr. Anwendung).

Vollstreckbar sind auch Vergleiche, welche vor einer nach § 11 II ermächtigten, wenn auch nicht staatlichen oder gemeindlichen Stelle abgeschlossen werden, ferner Vergleiche, die schon vor Inkrafttreten der Nov. vom 23. September 1918 abgeschlossen waren, wenn sie formell den Anforderungen des jetzigen Rechtes entsprechen (Seuffert Anm. zu § 22 EG. ZPO.), dies obwohl sich die Novelle keine rückwirkende Kraft zuschreibt (s. hiezu Anm. zu § 16).

Unberührt durch § 13 bleibt die zugunsten der Kriegsteilnehmer erlassene Vorschrift, daß die Vollstreckung auch eines Vergleiches der Bewilligung des Vollstreckungsgerichts bedarf (s. Anh. S. 101).

§ 14 (§ 8).

Auf das Verfahren vor dem Einigungsamte (§§ 2 bis 6, 10, 11) finden die Vorschriften der Verordnung, betreffend Einigungsämter vom 15. Dezember 1914 (RGBl. S. 511) keine Anwendung.[1]

Das Verfahren ist gebührenfrei.[2] **Ist nach dem Ermessen des Einigungsamtes die Anrufung mutwillig erfolgt, so kann der Partei, die das Einigungsamt angerufen**

hat, die Zahlung einer Gebühr auferlegt werden. Die Erhebung einer Gebühr kann ferner angeordnet werden, wenn die Bedeutung der Sache für die Beteiligten es angemessen erscheinen läßt.[3] Das Einigungsamt bestimmt[4] die Höhe der Gebühr und die zahlungspflichtige Partei.[5] Der Gesamtbetrag der Gebühren darf das Dreifache der vollen Gebühr des § 8 des Gerichtskostengesetzes und der der Berechnung zugrunde gelegte Wert des Gegenstandes den Betrag des einjährigen Mietzinses nicht übersteigen.[6] Das Einigungsamt bestimmt,[4] wer[5] die baren Auslagen des Verfahrens[7] zu tragen hat.

Im übrigen wird das Verfahren durch den Reichskanzler geregelt.[8]

1. Außer Anwendung bleibt insbesondere die Bestimmung, daß die Parteien bei Vermeidung einer Ordnungsstrafe zum Erscheinen vor dem EA. verpflichtet sind (§ 2 I) und daß die Mieter über die für die Ermittlung erheblichen, von dem EA. bestimmt zu bezeichnenden Tatsachen Auskunft erteilen müssen (§ 2 II). Auch § 5, der die wissentlich falsche Erteilung einer Auskunft unter Strafe stellt, findet keine Anwendung. Die Nichtanwendung dieser Vorschriften der VO. vom 15. Dezember 1914 hängt damit zusammen, daß es sich bei dem Verfahren nach der MSchVO. um ein dem ordentlichen Prozeß nachgebildetes Verfahren handelt, dem die Pflicht der Parteien, die auf den Rechtsstreit bezüglichen Tatsachen wahrheitsgemäß anzugeben, fremd ist (s. Stirn § 128, V, 7). Im Gegensatz zu der VO. vom 15. Dez. 1914 hat es nach der MSchVO. das EA. vermöge der Fähigkeit, Zeugen und Sachverständige eidlich zu vernehmen und mittels seiner Entscheidungsbefugnis (vgl. auch § 6 II RKBek.), wenn auch nicht rechtlich, so doch tatsächlich in der Hand, auf die Beteiligten einen Druck auszuüben, ihre Interessen vor dem EA. zu vertreten.

2. Ebenso wie in anderen Sozialgesetzen (vgl. RVO. § 137) ist das Verfahren grundsätzlich g e b ü h r e n f r e i. Ausnahmen s. Satz 2 und 3. Auf das Zwangsvollstreckungsverfahren (§ 13) bezieht sich Abs. II S. 1 nicht. Der Grundsatz der Gebührenfreiheit kann auch nicht im Wege der Landesgesetzgebung (z. B. auf Grund des preuß. Kommunalabgabengesetzes § 4 und der bayer. GemO. Art. 40 I) aufgehoben oder eingeschränkt werden, da Reichsrecht vor Landesrecht geht.

3. Satz 2—4 ist durch die Nov. vom 23. September 1918 hinzugefügt worden, da es sich in der Praxis als wünschenswert herausgestellt hat, daß das EA. die Möglichkeit erhalte, einer Partei eine Gebühr aufzuerlegen, wenn sie das Amt mutwillig angerufen hat oder wenn die Bedeutung der Sache die Erhebung einer Gebühr rechtfertige (Begr. II). Mit Satz 2 geht die VO. über andere Gesetze (z. B. RVO. § 1802) insoferne hinaus, als bei mutwilliger Anrufung nicht nur die hiedurch erwachsenen Kosten des Verfahrens, sondern auch eine Gebühr auferlegt werden kann. Darüber, ob eine mutwillige Anrufung vorliegt und ob eine Angelegenheit so bedeutend ist, daß sie die Erhebung einer Gebühr rechtfertigt, entscheidet das EA. nach billigem Ermessen (§ 7 I). „Bedeutend" wird eine Sache nicht nur dann sein, wenn es sich um ein besonders teueres Mietobjekt handelt, sondern auch dann, wenn die Durchführung des Verfahrens besondere Mühe und Zeitaufwand durch schwierige, umfangreiche Beweiserhebungen erforderte.

4. Die Bestimmung, wer die Gebühr und die baren Auslagen zu tragen (Satz 6) hat, erfolgt auch ohne Antrag von Amts wegen (§ 308 II ZPO.). Die Entscheidung hierüber einschließlich der Festsetzung der Höhe obliegt nicht dem Schriftführer (s. dagegen § 104 ZPO.), sondern dem in der Sache entscheidenden EA. Ist das vollbesetzte EA. bis zur Beendigung des Verfahrens überhaupt nicht in Tätigkeit getreten, z. B. bei Zurücknahme des Antrags (§ 2) oder Abschluß eines Vergleiches vor dem Vorsitzenden (§ 13), so steht einer Entscheidung im Kostenpunkt durch den Vorsitzenden allein nichts im Wege (§ 8 I MSchVO. bezieht sich nur auf die Sachentscheidung). Die Entscheidung über die Gebühr und über die Frage, wer die baren Auslagen zu tragen hat, hat zugleich mit der sachlichen Endentscheidung zu erfolgen (Stein § 91 IV). Eine Sonderentscheidung über einzelne Phasen des Verfahrens, z. B. über die baren Auslagen einer bestimmten Beweisaufnahme oder einen besonderen Akt der Rechtshilfe ist damit ausgeschlossen. Ist ein Ausspruch über die Gebühr und die baren Auslagen bei Erlassung der Sachentscheidung unterblieben, so kann er jederzeit (anders § 321 II ZPO.) nachgeholt werden (Dyroff S. 579). Stehen die baren Auslagen im Zeitpunkt der Sachentscheidung noch nicht fest, so kann das EA. seinen Ausspruch darauf beschränken, wer zur Tragung der baren Auslagen verpflichtet ist, die Kostenfestsetzung kann dann einem nachträglichen Beschluß des Vorsitzenden überlassen werden.

5. Die Grundsätze der §§ 91 ff. ZPO. über die Kostentragungspflicht sind ausgeschaltet. Das billige Ermessen (§ 7 I) kann es erforderlich machen, die baren Auslagen nicht dem unterliegenden, sondern dem obsiegenden Teil oder beiden anteilsmäßig aufzulegen. Daraus folgt, daß ohne weiteres auch § 96 ZPO. entsprechend anwendbar ist, der gestattet, die Kosten eines ohne Erfolg gebliebenen Angriffs- oder Verteidigungsmittels, z. B. die Vernehmung eines bestimmten Zeugen oder Sachverständigen der Partei aufzuerlegen, welche dasselbe trotz Voraussicht der Erfolglosigkeit geltend machte, auch wenn sie in der Hauptsache obsiegt. Enthält ein Vergleich (§ 13) eine Vereinbarung über die Tragung der baren Auslagen nicht, so gilt § 98 ZPO., § 88 GKG. entspr. (Tragung je zur Hälfte); das EA. ist jedoch befugt, eine hievon abweichende Entscheidung zu treffen. Hinsichtlich der event. Kostentragungspflicht eines Zeugen oder Sachverständigen s. Anm. 4 zu § 7 RKBek.

6. § 8 GKG. lautet: In bürgerlichen Rechtsstreitigkeiten werden die Gebühren nach dem Werte des Streitgegenstandes erhoben.

Die volle Gebühr beträgt bei Gegenständen im Werte:

1.	bis 20 ℳ einschließlich					1,— ℳ
2.	von mehr als	20	bis	60 ℳ	einschließlich	2,40 „
3.	„ „ „	60	„	120 „	„	4,60 „
4.	„ „ „	120	„	200 „	„	7,50 „
5.	„ „ „	200	„	300 „	„	11,— „
6.	„ „ „	300	„	450 „	„	15,— „
7.	„ „ „	450	„	650 „	„	20,— „
8.	„ „ „	650	„	900 „	„	26,— „
9.	„ „ „	900	„	1200 „	„	32,— „
10.	„ „ „	1200	„	1600 „	„	38,— „
11.	„ „ „	1600	„	2100 „	„	44,— „
12.	„ „ „	2100	„	2700 „	„	50,— „
13.	„ „ „	2700	„	3400 „	„	56,— „
14.	„ „ „	3400	„	4300 „	„	62,— „
15.	„ „ „	4300	„	5400 „	„	68,— „
16.	„ „ „	5400	„	6700 „	„	74,— „
17.	„ „ „	6700	„	8200 „	„	81,— „
18.	„ „ „	8200	„	10000 „	„	90,— „

Die ferneren Wertklassen steigen um je 2000 ℳ und die Gebühren um je 10,— ℳ.

Der einjährige Mietzins als Streitwert und das Dreifache der vorstehenden Gebührensätze bilden nur die Höchstgrenze, innerhalb deren das EA. nach freiem Ermessen entscheidet. Der zivilprozessuale Grundsatz, daß bei unbestimmter Dauer die nächstmögliche unstreitige Kündbarkeit die Grenze für die Streitwertsberechnung bildet (RGZ. Bd. 17 S. 377) muß hier ausscheiden, da das EA. sich über die privatrechtliche Möglichkeit, das Mietverhältnis zu kündigen, hinwegsetzen und das Mietverhältnis aus Billigkeitsgründen auf ein weiteres Jahr (§ 2 Ziff. 1) verlängern kann. Wird nach Satz 3 mehreren Beteiligten eine Gebühr auferlegt, so gilt die Höchstgrenze nicht für jede Gebühr besonders, sondern für deren Gesamtheit. Bei Feststellung des einjährigen Mietzinses können auch die Nebenleistungen (s. § 5 II) berücksichtigt werden.

7. Zu den baren Auslagen zählen nur die in dem einzelnen Verfahren besonders erwachsenden Auslagen des EA., z. B. Gebühren für Zeugen und Sachverständige, Aufwendungen einer Partei, wenn deren persönliches Erscheinen ausdrücklich angeordnet war (§ 4 II Satz 2), Portis für Ladungen und Zustellungen auch dann, wenn sich das EA. des Postablösungsvermerkes bedient (die zu § 59 II RVO. ergangene preuß. MinEntschl. vom 11. Oktober 1912, MinBl. S. 273 und die bayer. MinEntschl. vom 10. Januar 1913 Ziff. 6 d, MinBl. S. 29 in entspr. Anwendung). — Nicht unter die baren Auslagen fallen die Kosten des allgemeinen Geschäftsaufwandes z. B. von Schreibmaterialien, Heizung,

Beleuchtung, Zeitverlust der Beamten. Nur die baren Auslagen des Verfahrens, d. h. des EA. selbst, nicht die Parteiauslagen können zum Gegenstand der Kostenentscheidung gemacht werden; s. hierüber Anm. 3 zu § 14 II RKBek.

8. Die das Verfahren regelnde Anordnung des Reichskanzlers vom 26. Juli 1917 ist durch die Nov. vom 23. September 1918 (RGBl. S. 1146ff.) dem jetzigen Rechtszustand angepaßt worden (s. unten S. 53ff.). § 14 III ist wie die ganze MSchVO. auf Grund des Ermächtigungsgesetzes vom 4. August 1914 ergangen, er hat demnach ebenso wie die auf seiner Grundlage ergangene RKBek. den Charakter einer reinen Rechtsverordnung (s. hierüber Seydel-Piloty, Bayer. Staatsrecht S. 856) und schließt deshalb jedes VORecht der Landesgesetzgebung hinsichtlich der Verfahrensgrundsätze aus, soweit nicht zugunsten der LandeszentralBeh. gewisse, engumgrenzte Ausnahmen vorgesehen sind (vgl. § 8 Satz 3).

§ 15 (neu).

Mit Geldstrafe bis eintausend Mark wird bestraft, wer vorsätzlich einer gemäß § 5 Abs. 1 Nr. 1 erlassenen Anordnung zuwider eine ihm obliegende Anzeige nicht rechtzeitig erstattet oder wissentlich unrichtige oder unvollständige Angaben macht.

Strafbar ist nur die vorsätzliche (wissentliche) Begehung, nicht auch die fahrlässige. Darüber, wer als Täter in Frage kommen kann, s. Anm. 4 zu § 5. Von § 15 unberührt bleiben gegebenenfalls die weitergehenden Vorschriften der §§ 154, 267ff. StGB.

§ 16.

Diese Verordnung tritt mit dem Tage der Verkündung in Kraft. Der Reichskanzler bestimmt den Zeitpunkt des Außerkrafttretens.

Die VO. ist in ihrer ursprünglichen Fassung am 27. Juli 1917, dem Tage der Ausgabe des Reichsgesetzblattes in Kraft getreten, die durch die Nov. vom 23. September 1918 geschaffenen Neuerungen und Änderungen am 24. September 1918 (Art. III Abs. I der Bek. betr. Änderung der MSchVO., der ebenfalls bestimmt, daß die VO. vom 23. September 1918 mit dem Tage der Verkündung in Kraft trete). Darüber, daß die §§ 2—4 für EA., denen bereits die Befugnisse nach § 1 der alten VO. übertragen waren, ohne weitere Ermächtigung durch die LandeszentralBeh. mit dem Tage der Verkündung rechtswirksam wurden, s. Art. III Abs. II a. a. O. Eine rückwirkende Kraft bezüglich Rechtsverhältnissen, über die endgültig bereits vor dem 24. September 1918 vom EA. entschieden war, kommt der Nov. nicht zu; ein Mietverhältnis, das z. B. auf eine längere Zeit als ein Jahr verlängert wurde, bleibt auch jetzt bis zum Ablauf der in der seinerzeitigen Entscheidung festgesetzten Frist bestehen, es sei denn, daß neue Tatsachen (Gründe zur außerordentlichen Kündigung) zu einer früheren Kündigung berechtigen. Keine Ausnahme von diesem Grundsatz bildet es, wenn Vergleiche, die vor dem 24. September 1918 in einer dem jetzigen Rechtszustande entsprechenden Form vor dem EA. abgeschlossen wurden, vollstreckbar sind (s. Anm. 4 zu § 13), da § 13 selbst ohne Rücksicht auf den Zeitpunkt des Zustandekommens schlechthin von Vergleichen spricht, die vor dem EA. abgeschlossen sind.

B. Anordnung für das Verfahren vor den Einigungsämtern.

Vom 23. September 1918.

Auf Grund des § 14 der Bekanntmachung zum Schutze der Mieter vom 23. September 1918 (RGBl. S. 1140) und des § 7 der Bekanntmachung über Maßnahmen gegen Wohnungsmangel vom 23. September 1918 (RGBl. S. 1143) wird über das Verfahren vor den Einigungsämtern folgendes bestimmt:

§ 1.

Die Mitglieder des Einigungsamtes sind vor ihrem Amtsantritte durch Handschlag an Eides Statt zu treuer und gewissenhafter Führung ihres Amtes zu verpflichten.[1] Sie sind zur Amtsverschwiegenheit verpflichtet.[2]

Für die Mitglieder des Einigungsamtes gelten die Vorschriften der Zivilprozeßordnung über Ausschließung und Ablehnung der Gerichtspersonen sinngemäß.[3]

1. § 1 ist die einzige reichsrechtliche AusfVorschrift zu § 8 MSchVO.; über die Möglichkeit des Erlasses weiterer landesgesetzlicher Bestimmungen s. Anm. 4 daselbst. Nur Handschlag an Eides Statt, nicht Beeidigung ist geboten. Eine bestimmte Verpflichtungsformel ist reichsrechtlich nicht vorgeschrieben, kann aber durch die LandeszentralBeh. aufgestellt werden. Die Formel wird in entsprechender Anwendung des § 51 GVG. (Schöffengerichte) regelmäßig lauten:

Ich versichere durch Handschlag an Eides Statt, die Pflichten eines Vorsitzenden (stellv. Vorsitzenden, Beisitzers) des EA. treu und gewissenhaft zu erfüllen und meine Stimme nach bestem Wissen und Gewissen abzugeben.

Über die Verpflichtung ist eine Niederschrift aufzunehmen, auch wenn eine Verhandlung nicht stattfindet (§ 51 V GVG.). Über die Frage, durch wen die Mitglieder zu verpflichten sind, enthält die VO. nichts. Der Vorsitzende wird regelmäßig durch den Gemeindevorstand, und wenn dieser selbst diese Funktion ausübt, durch die Gemeindeaufsichtsbehörde zu verpflichten sein, die Beisitzer durch den Vorsitzenden oder dessen Stellvertreter. Ist ein Gemeindebeamter als Vorsitzender tätig, so genügt der bereits früher geleistete allgemeine Diensteid. Der Mangel der Verpflichtung macht den Spruch des EA. nichtig (Anm. 3a zu § 7 MSchVO.).

Über die Verpflichtung des Schriftführers s. § 10 I.

2. Die Pflicht zur Amtsverschwiegenheit erstreckt sich auf alle Angelegenheiten, von denen die Mitglieder vermöge ihres Amtes Kenntnis erhalten haben, die ihnen also ohne das amtliche Verhältnis nicht bekannt worden wären (Reindl, Bayer. Beamtengesetz S. 86), insbesondere persönliche Verhältnisse der Parteien, die die Grundlage der Entscheidung bilden. Die Pflicht zur Amtsverschwiegenheit erstreckt sich über die Dauer des Amtes hinaus (Art. 14 bayer. BG. entspr.). Über zivil- und strafprozessuale Wirkungen der Pflicht zur Amtsverschwiegenheit s. §§ 376, 383 Ziff. 5, 385 Ziff. 2 ZPO., § 53 StPO.). Die Pflicht zur Amtsverschwiegenheit ist eine Amtspflicht, die dem Beamten gegenüber Dritten obliegt (Staudinger § 839 Anm. 5 a, β); ihre Verletzung begründet eine Schadensersatzverbindlichkeit nach §§ 823, 839 BGB. Eine dem § 141 RVO. entsprechende Strafvorschrift besteht nicht; bei Verletzung der Pflicht zur Amtsverschwiegenheit durch einen Gemeindebeamten als Vorsitzenden kommt das landesrechtliche Dienststrafrecht gegen Gemeindebeamte zur Anwendung (vgl. Frank, Bayer. Gemeindebeamtenrecht S. 38 u. 153).

3. Abs. 2 wurde durch die Nov. vom 23. September 1918 beigefügt, um jeden Zweifel an der sinngemäßen Anwendbarkeit der Vorschriften der ZPO. über Ausschließung und Ablehnung der Gerichtspersonen (§§ 41—49) zu beseitigen (dafür bisher schon Pfeiffenberger S. 53, dagegen OLG. München in LZ. 1918 S. 716 Ziff. 6 unter Berufung auf § 7 II e contr.).

Von der Tätigkeit eines Mitgliedes des EA. ist kraft Gesetzes (§ 41) ausgeschlossen, wer

1. selbst Partei ist oder zu einer Partei in dem Verhältnis eines Mitberechtigten, Mitverpflichteten oder Regreßpflichtigen steht,
2. der Ehegatte und bestimmte nahe Verwandte einer Partei (§ 41 Ziff. 2 und 3) und
3. wer als Bevollmächtigter, Beistand oder als gesetzlicher Vertreter einer Partei aufzutreten berechtigt ist oder gewesen ist oder wer in der strittigen Angelegenheit bereits als Zeuge oder als Sachverständiger vernommen ist (§ 41 Ziff. 4 u. 5).

Mitwirkung eines kraft Gesetzes ausgeschlossenen Mitgliedes macht den Spruch des EA. nichtig (Anm. 3a zu § 7 MSchVO.). Die

Ablehnung eines Mitgliedes kann nicht bloß aus den Gründen der Ausschließung kraft Gesetzes erfolgen, sondern auch wegen Besorgnis der Befangenheit (§ 42). Die Tatsache, daß ein Beisitzer Mieter oder Hausbesitzer ist, bildet natürlich keinen Ablehnungsgrund, da es sich hiebei um eine vom Gesetz gewollte Parteilichkeit handelt (§ 8 Satz 2 MSchVO.), dagegen u. U. die leitende Stellung des Vorsitzenden bei einer Interessenvereinigung der Mieter oder Vermieter (s. oben S. 42).

Die Entscheidung über die Ablehnung des Vorsitzenden erfolgt durch den Gemeindevorstand und wenn dieser selbst Vorsitzender ist, durch die Gemeindeaufsichtsbehörde; § 45 I findet wegen der den Schöffengerichten ähnlichen Struktur der EA. keine Anwendung, sondern an dessen Stelle § 27 II StPO., es entscheidet mithin über die Ablehnung des Vorsitzenden nicht das vollbesetzte EA., sondern die Aufsichtsbehörde. Über die Ablehnung von Beisitzern entscheidet der Vorsitzende allein (§ 31 Abs. 2 StPO.). In dem Verfahren vor den Amtsgerichten (§ 15) bewendet es bei § 45 II ZPO. Die sofortige Beschwerde im Falle der Abweisung des Ablehnungsgesuches (§ 46 II ZPO.) ist trotz § 7 I Satz 3 MSchVO. möglich (Stein § 567 I).

Über Ausschließung und Ablehnung des Schriftführers siehe Anm. 1 zu § 10.

§ 2.

Der Antrag ist an das Einigungsamt zu richten, in dessen Bezirk sich die Mietsache befindet.[1] **In den Fällen der §§ 2, 4, 5 der Bekanntmachung über Maßnahmen gegen Wohnungsmangel ist der Antrag an das Einigungsamt zu richten, in dessen Bezirk die Gebäude oder die Räume belegen sind.**[2]

Der Antrag an das Einigungsamt ist schriftlich oder zu Protokoll des Schriftführers des Einigungsamtes zu stellen.[3] Er soll unter Darlegung der Sachlage und Angabe der Beweismittel kurz begründet werden;[4] der Antragsteller soll die ihm zugänglichen Beweisurkunden, insbesondere Vertragsurkunden und Briefe beifügen.[5]

1. Abs. I behandelt die Frage der örtlichen Zuständigkeit. Der Gerichtsstand der belegenen Sache ist ein ausschließlicher (§ 24 ZPO.). Eine etwaige Unzuständigkeit kann deshalb nicht durch Einlassung des Antraggegners auf die Verhandlung oder durch sonstige Vereinbarung unter den Parteien geheilt werden (§ 40 II ZPO.; MinBek. vom 29. September 1917, I a. E.). Die Zuständigkeit ist vom EA. von Amts wegen zu prüfen. Die Abgabe an das zuständige EA. kann während des ganzen Verfahrens auch ohne einen hierauf gerichteten Antrag eines Beteiligten in entsprechender Anwendung des § 505 ZPO. erfolgen (vgl. Brenner GGG. S. 84/5). Liegt die Mietsache oder im Falle des Satzes 2 das Gebäude oder die Räume im Bezirke mehrerer EA., so bestimmt die den beiden gemeindlichen EA. gemeinschaftlich vorgesetzte Staatsaufsichtsbehörde das zuständige EA. (§ 36 Ziff. 4 ZPO.). Hat ein EA. zu Unrecht seine örtliche Zuständigkeit angenommen, so ist sein Spruch aus diesem Grunde nicht unwirksam oder anfechtbar (Mittelstein JW. 1917 S. 922, III; s. auch oben Anm. 3a zu § 7 MSchVO.).

2. Abs. I S. 2 wurde durch die Nov. vom 23. September 1918 auf Grund § 7 der Bek. über Maßnahmen gegen Wohnungsnot (s. S. 87) angefügt und begründet ebenfalls den Gerichtsstand der belegenen Sache mit den in Anm. 1 bezeichneten Wirkungen.

3. Im Gegensatz zu § 2 III MSchVO., der die materiellrechtlichen Voraussetzungen des Antrages festsetzt, werden hier seine prozessualen Erfordernisse aufgestellt. Der Antrag ist entweder schriftlich oder zu Protokoll des Schriftführers — beim Verfahren vor dem Amtsgericht (§ 15 Ziff. 1) zu Protokoll des Gerichtsschreibers — zu stellen. Da der Antrag zu seiner Rechtswirksamkeit nur der Einreichung beim EA., nicht aber der Zustellung an die Gegenpartei bedarf, ist auch telegraphische Übermittlung zulässig (Stein § 207, IV), nicht dagegen die nur mündliche Übermittlung durch Fernsprecher (RGSt. 38 S. 282). Die Antragsschrift muß als ein bestimmender Schriftsatz, der ein Prozeßrechtsgeschäft enthält, vom Antragsteller unterschrieben sein; die Benützung eines Namensstempels genügt nicht (Stein § 129 I, 1). Über die Entbehrlichkeit der Unterschrift der Parteien bei Prozeßrechtsgeschäften, die in ein Sitzungsprotokoll aufgenommen sind, s. § 10 Anm. 2. Erst mit Stellung an das EA., d. i. das nach Abs. I zuständige, wird der Antrag rechtswirksam; dies schließt aber nicht aus, daß eine nicht am Sitze des zuständigen EA. wohnende Partei den Antrag zu Protokoll des Schriftführers oder Gerichtsschreibers beim EA. oder Amtsgericht ihres Wohnortes stellt; der zur Entgegennahme verpflichtete Schriftführer (Gerichtsschreiber) hat den Antrag unverzüglich an das zuständige EA. oder AG. zu übersenden (Bay. GeschAnw. für die Gerichtsschreibereien der AG. vom 2. März 1910, JMBl. S. 253 § 2 in entspr. Anwendung).

4. Abs. II Satz 2 behandelt den Inhalt des Antrages. Mit Rücksicht auf die in dem Verfahren vor den EA. geltende Offizialmaxime ist in dieser Beziehung einzig notwendige Voraussetzung, daß aus dem Antrag irgendwie zu ersehen ist, es sei der Rechtsschutz in einem der in §§ 2—6 MSchVO. oder §§ 2, 4, 5 WVO. aufgezählten Fälle begehrt. Eine Abweisung des Antrages wegen ungenügender Substanziierung des Antrages ist deshalb ausgeschlossen, das EA. hat sich vielmehr die weiteren erforderlichen Grundlagen des Antrages durch Rückfrage bei dem Antragsteller von Amts wegen zu beschaffen. Es gibt deshalb keinen „Muß"-inhalt des Antrages wie bei der Klage im Zivilprozeß (§ 253 II ZPO.), sondern nur einen „Soll"inhalt. Dieser besteht in der möglichst genauen Angabe des gewünschten Rechtsschutzes, der Gründe, die zugunsten der Gewährung des Rechtsschutzes geltend gemacht werden können, insbesondere all' der Tatsachen, die von Einfluß auf das billige Ermessen des EA. sind (Anm. 1 zu § 7 MSchVO.) und schließlich in der Angabe der Beweismittel (Zeugen, Sachverständige usw.), auf welche sich der Antragsteller berufen zu können glaubt. Ist die Angabe von für die Entscheidung wesentlichen Tatsachen und Beweismitteln unterblieben, so kann das EA. den Antragsteller hiezu nach § 6 anhalten.

Über die Pflicht des Schriftführers zur Belehrung und Unterstützung des Antragstellers insbesondere durch den Hinweis auf möglichst sachdienliche Anträge s. § 10 Anm. 1.

5. Auch diese Bestimmung ist nicht zwingender Natur. Die Nichtvorlage der Urkunden begründet keinen Rechtsnachteil, sondern höchstens die Gefahr, daß hieraus ungünstige Schlüsse bei der Entscheidung gezogen werden (§ 6 II). Zu den Beweisurkunden, die im Interesse einer raschen Durchführung des Verfahrens zweckmäßig zugleich mit der Antragstellung vorzulegen sind, gehören z. B. im Falle des § 2 Ziff. 1 MSchVO. der Mietvertrag und das Kündigungsschreiben, im Falle des § 3 MSchVO. die der Behörde gegenüber abgegebene Verpflichtungserklärung und im Falle des § 4 WVO. das an den Verfügungsberechtigten gerichtete Aufforderungsschreiben. Die Urkunden sind mit Rücksicht darauf, daß die Anberaumung einer mündlichen Verhandlung fakultativ ist (Anm. 1 zu § 4), im Gegensatz zu § 131 ZPO. dem Antrag in Urschrift beizufügen. Im Hinblick auf § 3 II soll der Antragsteller ferner die für die Mitteilung an den Gegner erforderlichen Abschriften des Antrages und der Beweisurkunden, soweit sie dem Gegner nicht bereits bekannt sind (§ 131 III ZPO.), übergeben (§ 496 II Satz 2 ZPO.).

§ 3.

Das Einigungsamt verhandelt und entscheidet in nicht öffentlicher Sitzung.[1]

(§ 4 I). Vor der Entscheidung ist der Gegner des Antragstellers zu hören.[2] **Betrifft das Verfahren eine der in den §§ 2, 4, 5 der Bekanntmachung über Maßnahmen gegen Wohnungsmangel bezeichneten Angelegenheiten, so ist vor der Entscheidung auch der zur Verfügung über die Gebäude oder die Räume Berechtigte und in den Fällen des § 4 dieser Bekanntmachung auch der Wohnungssuchende zu hören.**[3]

1. Im Gegensatz zur österr. VO. § 16 III erfolgt die eventuell stattfindende Verhandlung (s. Anm. 1 zu § 4) und die Entscheidung in nicht öffentlicher Sitzung. Soweit sich die Vorschriften des 14. Titels des GVG. nicht auf ein öffentliches Verfahren beziehen, sind sie hier entsprechend anwendbar, insbesondere steht dem Vorsitzenden das Recht der Aufrechterhaltung der Ordnung zu (§ 177 GVG.), ferner das Recht der Wegweisung von Beteiligten, Zeugen, Sachverständigen und der nach § 4 I Satz 2 zugelassenen „anderen Personen" aus dem Sitzungszimmer, soferne sie seinen zur Aufrechterhaltung der Ordnung erlassenen Befehlen nicht gehorchen (§ 178). Gemäß § 182 GVG. stehen diese Befugnisse dem Vorsitzenden auch zu, wenn er nach § 9 ohne Beisitzer mit den Beteiligten verhandelt (im einzelnen s. hiezu Neumiller ZPO. S. 711 ff.). Die Ordnungsstrafgewalt nach § 179 GVG. dürfte beim Fehlen einer ausdrücklichen Anwendungsbestimmung (s. dagegen z. B. § 38 III GGG., § 1664 RVO.) zu verneinen sein; einen Ersatz hiefür bietet, soweit nicht das ungeziemende Benehmen den Tatbestand einer anderen strafbaren Handlung, z. B. Beleidigung oder Widerstand gegen die Staatsgewalt, erfüllt, in Bayern die Strafbestimmung des Art. 7 AG. StPO.

2. Für das Gehör ist eine bestimmte Form nicht vorgeschrieben, es genügt daher, daß dem Gegner schriftlich oder mündlich Gelegenheit gegeben wird, Bestreitungen und Gegenbehauptungen vorzutragen, daß der Gegner z. B. ohne genaue Substanziierung des Streitfalles zum Erscheinen vor dem EA. in der ihm bezeichneten, anhängigen Sache aufgefordert worden ist (RG. in LZ. 1915 S. 538); ob er von der gebotenen Gelegenheit Gebrauch macht, ist gleichgültig. Regelmäßig wird das EA. den Gegner unter Mitteilung einer beglaubigten Abschrift des Antrages und der zum Verständnis des Antrages notwendigen, vom Antragsteller gemäß § 2 II beigefügten, nach Lage der Sache dem Gegner unbekannten Urkunden diesen zur schriftlichen Äußerung mit oder ohne Fristsetzung auffordern (Stein § 128, 5, A). Ist dem Gegner eine Frist gesetzt, so darf vor deren Ablauf eine Endentscheidung nicht gefällt werden (vgl. Anm. 5 zu § 6). Es ist nicht erforderlich, daß der Gegner gleichzeitig mit dem Antragsteller in Form einer mündlichen Verhandlung (s. Anm. 1 zu § 4) oder daß er vor dem vollbesetzten EA. gehört wird. Die wiederholte Anhörung, z. B. nach der Aufnahme von Beweisen, ist im Interesse gütlicher Erledigung des Streitfalles (s. § 4 II) zweckmäßig, aber nicht gesetzlich erfordert (Stein § 1034, II, 1), es genügt, daß das rechtliche Gehör „vor der Entscheidung" in irgendeinem Stadium des Verfahrens gewährt wurde.

Nichtgewährung des rechtlichen Gehörs hat Anfechtbarkeit des Spruches zur Folge (s. Anm. 3 a zu § 7 MSchVO., § 1041 ZPO. entsprechend; Oertmann JW. 1918 S. 957).

3. Die Hinzufügung des Abs. 2 Satz 2 beruht auf § 7 Satz 3 WVO. (s. unten S. 87). Die Vorschrift erwies sich als notwendig, weil der Verfügungsberechtigte und der Wohnungssuchende nicht als Parteien, sondern nur als Personen, die ein „rechtliches Interesse" an der Entscheidung haben, in Betracht kämen und ihre Zuziehung zum Verfahren ohne die Bestimmung des Abs. 2 Satz 2 im Ermessen des EA. stünde (§ 4 Abs. 1 Satz 2).

§ 4.

Der Vorsitzende kann anordnen, daß eine mündliche Verhandlung[1] mit den **Beteiligten**[2] stattfindet. Er kann das persönliche Erscheinen[3] der **Beteiligten**[2] anordnen; er kann andere Personen, die ein rechtliches Interesse an der Entscheidung haben, zu der Verhandlung zulassen.[4]

Das Mieteinigungsamt soll in jeder Lage des Verfahrens auf eine gütliche Einigung der Beteiligten hinwirken.[5] Zum Zwecke einer Einigung kann der Vorsitzende mit den Beteiligten Vorverhandlungen abhalten.[6]

1. Die mündliche Verhandlung ist nur fakultativ, d. h. in das Ermessen des Vorsitzenden gestellt. Ihre Anordnung wird mit Rücksicht auf Abs. II in den meisten Fällen zweckmäßig sein, insbesondere dann, wenn aus der schriftlichen oder der in Abwesenheit der Gegenpartei abgegebenen Erklärung eines Beteiligten zu ersehen ist, daß eine vollkommene Aufklärung des Sachverhalts nur durch Gegenüberstellung der Streitsteile erzielt werden kann. Da die Anordnung der mündlichen Verhandlung nicht auf dem Grundsatz der Mündlichkeit des Verfahrens beruht, so ist bei der Entscheidung nicht nur das in der mündlichen Verhandlung von den Parteien Vorgetragene zu beachten, sondern auch die außerhalb der Verhandlung vorher oder nachher gepflogenen Erhebungen (Stein § 128, V, B). Über die Ladung der Beteiligten s. Anm. 2ff. zu § 5.

2. Im Gegensatz zum früheren Recht spricht § 4 anstatt von „Parteien" von den „Beteiligten". Zur mündlichen Verhandlung können hienach nicht nur die Rechtssubjekte, die sich unmittelbar als Prozeßgegner einander gegenüberstehen, geladen werden, sondern alle Personen, welche nach materiellem Recht, also nach der inneren Natur der im Streit befangenen Sache (vgl. Dyroff, Bayer. VGG. S. 592) sachlich beteiligt sind, z. B. Mitmieter, Miteigentümer. Auch im Falle einer notwendigen Streitgenossenschaft (§ 62 ZPO.) kann solchenfalls, so wenig wie im Zivilprozeß, die Beteiligung der nicht auftretenden Genossen am Verfahren erzwungen werden.

3. Nicht nur das vollbesetzte EA., auch der Vorsitzende kann das persönliche Erscheinen der Beteiligten anordnen. In diesem Falle ist die Ladung (§ 5 II) den Beteiligten selbst zuzustellen, auch wenn sie durch einen Bevollmächtigten vertreten werden (§ 141 ZPO.). Über die Wirkung des Nichterscheinens s. § 5 III.

4. Die Vorschrift entspricht den §§ 64ff. ZPO. und ermöglicht die Zulassung dritter Personen, die ein rechtliches Interesse an der Entscheidung haben (eine Art Haupt- und Nebenintervention). Das Interesse muß ein rechtliches sein, ein bloß tatsächliches genügt nicht, weshalb zwar z. B. bei einem Streit über ein Untermietverhältnis der Hauptvermieter, bei einem Streit über ein Hauptmietverhältnis der Untermieter, ein Nießbraucher, der ebenfalls Rechte an der Mietsache geltend macht, ferner der Ehemann im Falle der Vermietung durch seine im gesetzlichen Güterstand lebende Ehefrau zugelassen werden kann, nicht aber ein Nachbar, der ein rein tatsächliches Interesse daran hat, daß der Mieter seiner Wohnung entsetzt wird. Ein Zwang zum Erscheinen in der Verhandlung kann nur ausgeübt werden, wenn der „Dritte" als Zeuge vorgeladen wird (§ 7 II RKBek. und § 380 ZPO.). Macht der Dritte das rechtliche Interesse an der Entscheidung glaubhaft, so wird er regelmäßig zugelassen werden, ein Zwang hiezu („kann") besteht für das EA. nicht (anders ZPO. § 71 I Satz 2), weshalb der Dritte bei Nichtzulassung auch kein Beschwerderecht hat (§ 71 II).

Die Frage, ob der über das Rechtsverhältnis der Streitsteile erlassene Spruch in einem späteren Rechtsstreit zwischen einer der Parteien und dem zugelassenen Dritten diesem gegenüber die Rechtskraftwirkung des § 68 ZPO. besitzt, ist für den Fall zu bejahen, daß es sich um eine privatrechtmäßige Entscheidung handelt. Wurde z. B. eine Kündigung nach dem BGB. §§ 564 ff. für gültig erklärt und demgemäß, weil Billigkeitsgründe für den Mieter nicht sprechen, dessen Antrag nach § 2 Ziff. 1 abgewiesen, so kann der vor dem ordentlichen Gericht auf Räumung verklagte Untermieter mit der Einrede nicht gehört werden, der Spruch des EA. bewirke ihm gegenüber keine Rechtskraft. Soweit die Entscheidung des EA. dagegen rechtsgestaltend ist, ist für die Anwendung des § 68 kein Raum, da hier nicht davon gesprochen werden kann, der Rechtsstreit „sei unrichtig entschieden". Über die materiellrechtliche Wirkung des rechtsgestaltenden Spruches auch gegenüber dem am Verfahren beteiligten Dritten s. Anm. 4 zu § 7 MSchVO.

5. Der durch die Novelle vom 23. September 1918 geschaffene Abs. II geht über § 18 der BBek. zur Entlastung der Gerichte vom 9. September 1915 hinaus, der den AG. den Sühneversuch nur für die Zeit vor Eintritt in die mündliche Verhandlung vorschreibt. Hier dagegen ist es dem Vorsitzenden zur Pflicht gemacht, in jeder Lage des Verfahrens (vgl. § 41 GGG.) auf eine gütliche Einigung hinzuwirken. Durch Abs. II soll den EA. zum Bewußtsein gebracht werden, daß es entsprechend der BBek. vom 15. Dezember 1914 auch in dem Verfahren nach der MSchVO. ihre ursprünglichste und vornehmste Pflicht ist, auf gütliche Erledigung des Streitfalles hinzuwirken.

6. Durch Satz 2 wird entgegen dem früheren Rechtszustand klargestellt, daß eine mündliche Verhandlung zum Zwecke des Vergleichsschlusses nicht nur vor dem vollbesetzten EA., sondern auch vor dem Vorsitzenden stattfinden kann. Über die obligatorische Zuziehung des Schriftführers s. § 10 II. Kommt eine Einigung nicht zustande, so muß der Vorsitzende die Sache zur Entscheidung an das vollbesetzte EA. bringen.

§ 5.

Die **Beteiligten**[1] sind von Ort und Zeit der Sitzung zu benachrichtigen. Wird mündliche Verhandlung angeordnet, so sind sie zu dieser zu laden.[2]

Die Ladung erfolgt durch eingeschriebenen Brief. Der Vorsitzende kann eine andere Art der Ladung anordnen.[3]

Die **Beteiligten**[1] können sich in der mündlichen Verhandlung, soweit nicht das persönliche Erscheinen angeordnet ist, durch eine mit schriftlicher Vollmacht versehene Person vertreten[4] lassen; sind sie oder ihre Vertreter trotz rechtzeitiger Ladung nicht erschienen, so **kann** gleichwohl in der Sache verhandelt und entschieden werden.[5] **Das Einigungsamt kann den Mangel der Vollmacht unberücksichtigt lassen.**[6]

1. Bezüglich der Neufassung „Beteiligte" anstatt „Parteien" s. Anm. 2 zu § 4.

2. Ist eine mündliche Verhandlung (§ 4 Abs. I) nicht angeordnet, so genügt eine einfache, formlose Benachrichtigung der Beteiligten vom Termin. Ist dagegen mündliche Verhandlung anberaumt, so sind die Beteiligten unter Einhaltung der Formvorschrift des Abs. II zu laden. Die Einhaltung einer bestimmten Ladungsfrist (§ 217 ZPO.) ist nicht vorgeschrieben, aus Abs. II („rechtzeitige" Ladung) folgt aber, daß die RKBek. wenigstens die Einhaltung einer „angemessenen" Frist für erforderlich hält. Ein Verstoß hiegegen begründet Anfechtbarkeit der Entscheidung (Anm. 3a zu § 7 VO.) jedoch nur dann, wenn die zu ladende Partei noch nicht zur Sache vernommen wurde und auf diese Weise der Grundsatz des rechtlichen Gehörs (Anm. 2 zu § 3) verletzt wurde.

3. Die Festsetzung des Termins erfolgt durch den Vorsitzenden, die Ladung durch den Schriftführer (§ 497 I Satz 2 ZPO.). Sie braucht nicht in den Formen der Zustellung gemäß §§ 208 ff., 195 ZPO. zu geschehen, es genügt Ladung durch eingeschriebenen Brief. Der Vorsitzende kann eine andere Art der Ladung, z. B. durch Amtsboten gegen Empfangsschein anordnen. Diese Anordnung braucht nicht in jedem Rechtsstreit besonders zu erfolgen, sie kann auch generell in der Geschäftsordnung des EA. verfügt werden. Nicht gesetzlich vorgeschrieben ist, daß in die Ladung der Hinweis aufgenommen wird, daß auch im Falle des Nichterscheinens verhandelt und entschieden werden könne und daß aus dem Fernbleiben vom Termin event. ungünstige Schlüsse gezogen werden können; ein solcher Hinweis erscheint aber im Interesse der Parteien zweckmäßig. Die Ladung ist nicht erforderlich, wenn der Termin der Partei bei Einreichung des Antrags mitgeteilt worden ist und die erfolgte Mitteilung zu den Akten vermerkt wird

(§ 497 II). Eine Ladung ist auch nicht erforderlich, wenn eine Verhandlung durch verkündeten Beschluß vertagt wird, auch dann nicht, wenn eine ordnungsmäßig geladene Partei bei der Verkündung der Vertagung nicht anwesend ist (§ 218 ZPO.). Ist eine Partei durch einen Prozeßbevollmächtigten vertreten, so ist die Ladung diesem zuzustellen (§ 176 ZPO.), es sei denn, daß das persönliche Erscheinen der Partei angeordnet ist (Anm. 3 zu § 4). Über die Zustellung an Militärpersonen s. § 172 ZPO.).

4. Eine dem § 31 GGG. entsprechende Vorschrift besteht nicht, als Vertreter sind deshalb auch Rechtsanwälte zuzulassen. Dagegen kann das EA. Bevollmächtigte und Beistände, welche das mündliche Verhandeln vor Gericht geschäftsmäßig betreiben, z. B. Vorstände oder Angestellte von Hausbesitzer- oder Mieterverbänden, zurückweisen (§ 157 ZPO.). Solange sich diese Personen allerdings darauf beschränken, nur gelegentlich und ohne Entgelt für eine durch Krankheit, Abwesenheit usw. verhinderte Partei vor dem EA. aufzutreten, wird man von einer Geschäftsmäßigkeit ihrer Tätigkeit nicht sprechen können (Prenner GGG. S. 92). Rechtsanwälte haben gegenüber ihrem Auftraggeber (§ 14 II) Anspruch auf Gebühren nach Maßgabe der gesetzlichen Bestimmungen (preuß. GebG. vom 21. März 1910, GesS. S. 261 in der Fassung vom 6. Juli 1918 (GesS. S. 128) und bayer. VO. vom 26. März 1902, GVBl. S. 133 ff. in der Fassung vom 27. April 1918, GVBl. S. 275). Über die Festsetzung der Anwaltskosten s. Anm. 76 zu § 14. Die Prozeßvollmacht ermächtigt nicht nur zum Auftreten in der mündlichen Verhandlung, wie man nach der irreführenden Wortfassung des Abs. III annehmen könnte, sondern auf alle Prozeßhandlungen einschließlich der Zwangsvollstreckung (§ 81 ZPO.). Das Auftreten des Prozeßbevollmächtigten ist auch zulässig, wenn das persönliche Erscheinen des Vertretenen angeordnet war; die Vorschriften „können sich vertreten lassen, soweit nicht ...." bedeutet nicht den Ausschluß der Vertretung, sondern nur, daß solchenfalls neben dem Bevollmächtigten auch die Partei selbst im Termin erscheinen soll. Ein Vollmachtsstempel wird nicht erhoben (§ 14 II in Verbindung mit preuß. StempelG. Art. 4 und bayer. StempelG. Art. 4 Ziff. 1). Die Beteiligten können mit einem Beistand (§ 90 ZPO.) erscheinen; der Beistand ist nicht eine „andere Person" im Sinne des § 4 I (a. M. Pfeiffenberger S. 57).

5. Da das Verfahren nicht von der Verhandlungsmaxime beherrscht wird, finden beim Nichterscheinen einer Partei die Vorschriften über Erlassung eines Versäumnisurteils (§§ 330 ff. ZPO.) keine Anwendung; vielmehr erfolgt Entscheidung nach Lage der Sache (§ 6 II). Eine Ordnungsstrafe kann nicht einmal beim Vorliegen der Anordnung zum persönlichen Erscheinen verhängt werden (§ 14 I MSchVO.). Während die frühere Fassung „so wird ... in der Sache verhandelt und entschieden" den Anschein erweckte, als müsse das EA. beim Ausbleiben einer Partei über den Streitfall unter Zugrundelegung der bereits gepflogenen Erhebungen entscheiden, ohne vorher noch weitere Feststellungen treffen zu können, ist durch den jetzigen Wortlaut „kann ... verhandelt und entschieden werden" außer Zweifel gesetzt, daß das EA. aus Billigkeitsgründen, z. B. bei der Möglichkeit einer schuldlosen Terminsversäumung die Verhandlung aussetzen oder vertagen und neue Erhebungen pflegen kann.

6. Satz 3 wurde durch die Novelle vom 23. September 1918 beigefügt. Hiedurch wurde der Grundsatz durchbrochen, daß das EA. den Mangel der Vollmacht von Amts wegen zu berücksichtigen habe (§ 88 II ZPO.) und daß eine Entscheidung erst ergehen dürfe, wenn eine für die Beibringung der Genehmigung des Vertretenen vom EA. bestimmte Frist abgelaufen ist (§ 89 ZPO.), das EA. wurde in die Lage versetzt, aus Billigkeitsgründen eine Entscheidung auch ohne Vorliegen einer Vollmacht zu treffen. Solche Billigkeitsgründe liegen insbesondere vor, wenn der Vertreter der Ehegatte oder ein naher Verwandter ist (vgl. VO. über den Geschäftsgang der VA. vom 24. Dezember 1911 § 19 I Satz 2) oder wenn es sich um die Vertretung einer im Heeresdienste stehenden Partei handelt und die Sache wegen ihrer Dringlichkeit keinen Aufschub gestattet. Satz 3 ist unanwendbar bei Erteilung einer vollstreckbaren Ausfertigung eines Vergleiches (§ 13 I Satz 2).

§ 6.

Das Einigungsamt kann den Beteiligten aufgeben, binnen einer bestimmten Frist Tatsachen zur weiteren Aufklärung[1] des Sachverhalts anzugeben und Beweismittel,[2] insbesondere Urkunden,[3] vorzulegen oder Zeugen zu stellen.[4]

Bei Versäumung der Frist kann das Einigungsamt nach Lage der Sache ohne Berücksichtigung der nicht beigebrachten Beweismittel entscheiden.[5]

1. § 6 I räumt dem EA. ein *Frage- und Aufklärungsrecht* ein. Die „Pflicht" hiezu folgt ohne weiteres aus dem *Offizialprinzip*, auf dem das ganze Verfahren aufgebaut ist. Nach diesem ist das EA. im Gegensatz zu der regelmäßig im Zivilprozeß geltenden Verhandlungsmaxime nicht an die Behauptungen und Einwendungen der Beteiligten gebunden, es ist vielmehr verpflichtet, die einmal durch das Anrufen einer Partei (§ 2) anhängig gemachte Sache von Amts wegen durch Befragen der Beteiligten und durch Erhebung von Beweisen ohne ein besonderes Beweisangebot der Parteien (§ 7 I) aufzuklären und entscheidungsreif zu machen. Aus dem Offizialprinzip würde an sich auch folgen, daß der Grundsatz des § 308 ZPO., der Richter dürfe nicht über die Anträge der Parteien hinausgehen, hier keine Anwendung findet; trotzdem wird aber auch das EA. regelmäßig keinen Anlaß haben, einer Partei mehr zuzuerkennen, als sie beantragt hat, es sei denn, daß eine Partei offensichtlich irrtümlich ihren Antrag eingeschränkt hat, z. B. wenn dem Antragsteller nicht bekannt war, daß das EA. im Falle des § 2 Ziff. 1 MSchVO. die Neufestsetzung der Vertragsbedingungen auf ein Jahr vornehmen könne (vgl. bayer. VGH. Bd. 16 S. 202). Aus dem gleichen Grunde ist dem Verfahren auch der Satz fremd, daß das echte und das fiktive, in dem Schweigen auf eine gegnerische Behauptung zu erblickende Geständnis (§§ 288, 138 II ZPO.) die Prüfung der Wahrheit der vorgebrachten Tatsachen durch das EA. überflüssig mache. Auch für das Versäumnisverfahren (s. Anm. 5 zu § 5) und für die Erlassung eines Anerkenntnisurteils (§ 307 ZPO.) ist kein Raum. Über den Einfluß der Offizialmaxime auf die Beweispflicht s. Anm. 1 zu § 7.

Das Aufklärungsrecht steht innerhalb (§ 139 ZPO. entsprechend) und außerhalb der Sitzung (§ 9) dem Vorsitzenden zu. Es bezieht sich nur auf Tatsachen, die bestimmt zu bezeichnen sind; „rechtliche" Ausführungen der Parteien sind deshalb nicht erforderlich. Es kann allen Beteiligten gegenüber einschließlich der zum Verfahren zugelassenen rechtlichen Interessenten (Anm. 2 und 4 zu § 4) geltend gemacht werden (Stein § 142, I). Die dem Beteiligten gesetzte Frist soll bestimmt sein, beim Fehlen einer solchen gilt eine „angemessene" Frist als gestellt. Einer Androhung der Folge des Abs. II bedarf es nicht, sie ist aber zweckmäßig.

2. Soweit der Antragsteller nicht schon nach § 2 II Satz 2 die seinen Anspruch stützenden Beweismittel bei Stellung des Antrags angegeben bzw. beigefügt hat, kann ihm oder einem anderen Beteiligten die Angabe von Beweismitteln während des ganzen Verfahrens aufgegeben werden. Dabei ist es beim Fehlen einer Beweislast im Sinne des Zivilprozesses (s. Anm. 1 zu § 7) nicht ausgeschlossen, daß das EA. die Auflage einem anderen Beteiligten macht als dem, der die beweisbedürftigen Behauptungen aufgestellt hat. In der Praxis wird allerdings auch hier jede Partei selbst, will sie nicht Gefahr laufen, daß aus der Nichtbeibringung von Beweisen für sie ungünstige Schlüsse gezogen werden, für die Herbeischaffung von Beweismitteln sorgen müssen (ähnlich trotz des Offizialprinzips bayer. VGH. 1917 S. 169, 1918 S. 79).

3. Die Vorlage von Urkunden (s. Anm. 5 zu § 2) hat regelmäßig in Urschrift zu erfolgen. Eine Abschrift genügt, wenn der Beteiligte, welcher die Urschrift in Händen hat, sie zum Nachteile der Gegenpartei nicht vorlegt (§ 427 Satz 1 ZPO.). Die gesetzlichen Beweisregeln über die Echtheit der Urkunden und ihres Inhalts (§§ 415—418, 438 II, 440 II ZPO.) finden trotz der Offizialmaxime wegen ihrer sachlichen inneren Begründung Anwendung (Dyroff S. 572). Mangels einer ausdrücklichen Vorschrift ist die Auflage eines Urkundeneditionseides (§ 426 ZPO.) ausgeschlossen. Über die Wirkung der Nichtvorlage bestimmter Urkunden durch Beteiligte s. Anm. 5. Befindet sich die Urkunde in der Hand eines Dritten, so empfiehlt sich die Vernehmung des Dritten als Zeuge unter Beibringung des betreffenden Schriftstückes (BayZfR. 1905 S. 20).

4. Die „Stellung“ von Zeugen bedeutet nichts anderes wie deren „Benennung“. Mangels der Möglichkeit einer unmittelbaren Ladung (vgl. StPO. § 219) sind die Beteiligten nicht in der Lage, einen Zeugen zum Erscheinen in der Verhandlung zu zwingen; es kann deshalb bei Nichtbringung eines Zeugen zum Termin Abs. II nicht zum Nachteil einer Partei angewendet werden; die Ladung eines auf Aufforderung von einem Beteiligten benannten Zeugen ist vielmehr ausschließlich Sache des mit Zwangsbefugnissen ausgestatteten EA. (§ 7 II).

5. Abs. II bedeutet insoferne eine Durchbrechung des Grundsatzes von der Erforschungspflicht der Wahrheit, als im Falle der Fruchtlosigkeit einer Aufforderung nach Abs. I dem EA. ermöglicht wird, die durch die Säumnis eines Beteiligten verursachte Unausführbarkeit einer Beweiserhebung zu dessen Ungunsten zu verwerten. Soweit es sich um die Nichtvorlage von Urkunden durch eine Partei handelt, kommen zugunsten des Gegners auch §§ 427 Satz 2, 444 ZPO. zur Anwendung. Das EA. „kann“ ohne Berücksichtigung der nicht beigebrachten Beweismittel entscheiden, eine Pflicht besteht nicht; die Billigkeit kann es im Gegenteil u. U. erfordern, daß dem Beteiligten eine neuerliche Frist gestellt wird. Die „richterliche“ Frist kann auch durch Vereinbarung der Parteien verlängert oder abgekürzt werden. Die Abkürzung oder wiederholte Verlängerung ist nur nach dem vorgängigen Gehör des Gegners zu bewilligen (§§ 224/5 ZPO.). Erlassung einer Endentscheidung vor Ablauf der Frist verletzt regelmäßig den Grundsatz des rechtlichen Gehörs (§ 3 II). §§ 230/1 ZPO. gelten entsprechend; eine Wiedereinsetzung in den vorigen Stand ist ausgeschlossen. Die Wirkungen des Abs. II treten auch ohne Antrag des Gegners ein.

§ 7.

Das Einigungsamt kann auf Antrag oder von Amts wegen Beweise erheben,[1] insbesondere Zeugen und Sachverständige eidlich vernehmen[2] sowie Versicherungen an Eides Statt entgegennehmen.[3]

Auf die Erledigung des Zeugen- und Sachverständigenbeweises finden die Vorschriften der Zivilprozeßordnung entsprechende Anwendung.[4] Die Zeugen und Sachverständigen erhalten Gebühren nach Maßgabe der Gebührenordnung für Zeugen und Sachverständige (RGBl. 1898 S. 680; 1914 S. 214).[5]

Die Gerichts- und Verwaltungsbehörden haben innerhalb ihrer Zuständigkeit den Ersuchen der Einigungsämter um Aufnahme von Beweisen zu entsprechen. Auf die von den Gerichten zu leistende Rechtshilfe finden die Vorschriften des dreizehnten Titels des Gerichtsverfassungsgesetzes entsprechende Anwendung.[6]

1. Eine Folge des Offizialprinzips (Anm. 1 zu § 6) ist, daß dem Verfahren vor dem EA. grundsätzlich die zivilprozessualen Regeln über Beweislast fremd sind, daß also das EA. nicht die Beweisangebote der Parteien abzuwarten braucht und an sie nicht gebunden ist, sondern von Amts wegen Beweise erheben kann. Diese für das Verfahren vor dem EA. maßgebende Feststellung des Sachverhalts von Amts wegen schließt nicht aus, daß die Beteiligten Beweismittel über solche Tatsachen selbst zu bezeichnen haben, welche ihre Verhältnisse betreffen, deren Nachweisung von den Beteiligten nach der Natur der Sache erwartet werden muß, z. B. Beibringung eines ärztlichen Zeugnisses bei der Behauptung, die Räumung der Wohnung sei wegen schwerer Erkrankung eines Hausgenossen unmöglich (vgl. BGH. Bd. 24 S. 425).

2. Die Beweiserhebung, insbesondere die Vernehmung von Zeugen und Sachverständigen oder die Einnahme eines Augenscheines braucht nicht durch einen in einer mündlichen Verhandlung ergangenen Beweisbeschluß (§ 358 ZPO.) angeordnet zu sein, sie kann auch auf einer formlosen Verfügung des Vorsitzenden beruhen; dieser ist außerhalb der Sitzung auch zur Vernehmung selbst zuständig (§ 9). Den Parteien ist Gelegenheit zu geben, der Beweisaufnahme beizuwohnen (§ 357; anders allerdings Stein für das schiedsrichterliche Verfahren § 1034, II, 1); wird das Ergebnis der Beweisaufnahme den Beteiligten nicht zur Kenntnis gegeben, so kann, wenn es für die Entscheidung wesentlich ist, hierin eine Verletzung des rechtlichen Gehörs (Anm. 2 zu § 3) liegen. Über die Beweisaufnahme ist eine Niederschrift (§ 10 II) auch dann aufzunehmen, wenn sie außerhalb der Sitzung durch den Vorsitzenden erfolgt (RGZ. Bd. 17 S. 348). Die Aufnahme der Aussagen der Zeugen und Sachverständigen in die Niederschrift kann unterbleiben, wenn die Beweisaufnahme vor dem vollbesetzten EA. erfolgt und sich daran ohne Vertagung unmittelbar die Entscheidung anschließt (§ 161 ZPO.).

3. Sowohl der Partei- wie der richterliche Eid (§§ 445 ff. ZPO.) ist wegen des hier geltenden Offizialprinzips ausgeschlossen. An dessen Stelle tritt die Versicherung an Eides Statt, die nicht nur von den Beteiligten, sondern auch von Dritten, insbesondere Zeugen, entgegengenommen werden kann. Die eidesstattliche Versicherung kann schriftlich überreicht werden; Handgelübde (anders § 1 II) und ehrenwörtliche Versicherung ist ausgeschlossen (Neumiller S. 191).

4. §§ 375 ff., 402 ff. ZPO. finden entsprechende Anwendung. Die Aufnahme des Beweises kann auch einem Beisitzer des EA. oder einem Gericht oder anderen EA. (s. Anm. 6) aus bestimmten in § 375 näher bezeichneten Gründen übertragen werden. Die Ladung der Zeugen und Sachverständigen erfolgt durch den Schriftführer (Anm. 3 zu § 5) und muß außer der Bezeichnung der Parteien und des Gegenstandes der Vernehmung die Anweisung enthalten, zur Ablegung des Zeugnisses bei Vermeidung der durch das Gesetz angedrohten Strafen (§ 380) in dem nach Zeit und Ort zu bezeichnenden Termin zu erscheinen (§ 377 II). Da die Gebühren für die Zeugen und Sachverständigen zu den von den Parteien zu erstattenden baren Auslagen des Verfahrens gehören (Anm. 7 zu § 14 MSchVO.), kann die Vernehmung u. U. von der Erlegung eines Vorschusses durch einen Beteiligten abhängig gemacht werden (§ 379). Die Beschwerde gegen die Verhängung einer Ordnungsstrafe durch ein gemeindliches EA. wegen Nichterscheinens oder unberechtigter Verweigerung des Eides und die Beschwerde gegen Verurteilung in die durch das Ausbleiben verursachten Kosten (§§ 380, 390, 409) geht an die Aufsichtsbehörde des EA. (vgl. Anm. 3 zu § 1). Abgesehen von den Gründen, in denen kraft Gesetzes (§§ 393, 402) ein Zeuge oder Sachverständiger unbeeidigt vernommen werden muß, kann im Gegensatz zum Zivilprozeß die Beeidigung nach dem freien Ermessen des EA. unterbleiben oder auf eine Versicherung an Eides Statt beschränkt werden, ohne daß es eines Einverständnisses der Parteien bedarf (anders § 391 II ZPO.).

5. Im Anhang S. 97 ff. abgedruckt.

6. Abs. III spricht zwar nur von der Pflicht zur Rechtshilfe bezüglich der „Aufnahme von Beweisen". Sie besteht aber auch als sogenannte Beistandspflicht hinsichtlich anderer Amtshandlungen, z. B. der Auskunftserteilung (s. Neumiller § 157 GVG. letzter Abs.). Zuständig ist die Staats- oder Gemeindebehörde oder dasjenige AG., in dessen Bezirk die Amtshandlung vorgenommen werden soll (§ 158 GVG.). Das Ersuchen kann nur bei fehlender örtlicher Zuständigkeit oder bei gesetzlichem Verbot der vorzunehmenden Handlungen verweigert werden (§ 159). Bei unberechtigter Ablehnung des Ersuchens ist Beschwerde an das Oberlandesgericht, in dessen Bezirk das ersuchte AG. liegt, zulässig, gegen Ablehnung durch eine Staats- oder Gemeindebehörde oder ein EA. an deren Aufsichtsbehörde (§ 160). Die Kosten der Rechtshilfe sind von dem ersuchenden EA. nicht zu erstatten (§ 165 II). Sind der ersuchten Behörde bare Auslagen s. Anm. 7 zu § 14 MSchVO.) erwachsen, so sind diese Kosten den Beteiligten nach Maßgabe des § 14 a. a. O. aufzuerlegen und der ersuchten Behörde zu übersenden (§ 165 Abs. III).

§ 8.

Das Einigungsamt kann vor der Entscheidung einstweilige Anordnungen erlassen.

Die Erlassung einer einstweiligen Anordnung dient ähnlich wie die einstweilige Verfügung nach § 940 ZPO. dem Zwecke der Regelung des einstweiligen Zustandes in bezug auf das streitige Mietverhältnis, soferne diese Regelung zur Abwendung wesentlicher Nachteile oder zur Verhinderung drohender

Gewalt oder aus anderen Billigkeitsgründen nötig erscheint. Sie ist insbesondere dann am Platze, wenn die Mietzeit abzulaufen droht, bevor die endgültige Entscheidung ergehen kann (Begr. I). Sie erfolgt nach freiem Ermessen (§ 938 I ZPO.) des EA. oder des Vorsitzenden (§ 9) und darf nur Anordnungen enthalten, die zur Erreichung des Zweckes der einstweiligen Regelung unbedingt erforderlich sind. Durch die e. A. wird der Endentscheidung nicht vorgegriffen, sie beeinflußt aber materiellrechtlich ebenso wie eine Endentscheidung das Rechtsverhältnis der Parteien in der Weise, daß auflösend bedingt durch die Hauptentscheidung ihr Inhalt Vertragsbestandteil wird (§ 7 II VO.). Einen Rechtstitel im Sinne des § 775 Ziff. 2 ZPO., der die Vollstreckungsbehörden an der Einleitung oder Fortsetzung der Zwangsvollstreckung eines gerichtlichen Urteils hindert, bildet sie nicht, da sie als ein minus der Endentscheidung ebensowenig wie diese die Vollstreckung z. B. eines Räumungsurteils hindern kann (Anm. 3 d zu § 7 MSchVO.). Will der Antragsteller die ihm drohende Zwangsvollstreckung verhüten, so bleibt ihm nichts anderes übrig, als gemäß § 769 ZPO. unter Vorlage der e. A. des EA. eine e. A. des Prozeßgerichts herbeizuführen und im Wege der Vollstreckungsgegenklage nach § 767 die Beseitigung des ihm ungünstigen Urteils oder wenigstens eine Aussetzung der Vollstreckung bis zur Erlassung der Endentscheidung des EA. zu erwirken (ebenso Mittelstein JW. 1917 S. 923; Stern S. 37).

Die e. A. erfolgt durch Beschluß und wird wirksam mit der Verkündung oder Mitteilung an die Parteien (§ 12 Abs. II). Die örtliche Zuständigkeit bemißt sich nach § 2. Rechtliches Gehör des Gegners (§ 3 II) ist gesetzlich nicht erfordert. Ein Schadensersatzanspruch gegen den Antragsteller im Falle der Aufhebung der e. A. ist nur nach Maßgabe des bürgerlichen Rechtes (BGB. §§ 823, 826) möglich, die entsprechende Anwendung des § 945 ZPO. ist ausgeschlossen (Stein § 769 IV). Die Wirkung der e. A. erlischt ohne weiteres mit der Erlassung der Endentscheidung, ohne daß es einer besonderen Aufhebung bedarf; zur Verhütung von Mißbrauch ist deshalb ausdrückliche Befristung rätlich (Neumiller zu § 940). Bei veränderten Umständen ist eine neue e. A. vor Erlassung der Endentscheidung möglich. Rechtsmittel einschließlich des Widerspruchs zum EA. (vgl. § 924 ZPO.) sind ausgeschlossen (§ 7 I 3 entsprechend).

§ 9.

Die Befugnisse aus den §§ 6, 7, 8 stehen außerhalb der Sitzungen dem Vorsitzenden zu.

§ 9 steht insoferne im Widerspruch zu § 8 MSchVO., als er dem Vorsitzenden auch die Befugnisse aus § 6 Abs. II zuteilt. Es handelt sich hiebei zweifellos um ein Redaktionsversehen, da die Entscheidung durch das vollbesetzte EA. erfolgen muß. Dem Vorsitzenden stehen außerhalb und innerhalb der Sitzung noch weitere Befugnisse zu, z. B. die Verpflichtung der Beisitzer (§ 1 Anm. 1) und des Schriftführers (§ 10 I), die Handhabung der Sitzungspolizei (§ 3 Anm. 1), die Anberaumung von Terminen und Festsetzung von Ladungsfristen (§ 5), die Erteilung der Vollstreckungsklausel (§ 13), sowie die gesamte Sach- und Prozeßleitung (§§ 136 ff. ZPO. entsprechend).

§ 10.

Zu der Verhandlung wird ein Schriftführer[1] zugezogen, der vom Vorsitzenden durch Handschlag an Eides Statt zu treuer und gewissenhafter Führung seines Amtes verpflichtet wird. **Das gleiche gilt für eine Vorverhandlung des Vorsitzenden mit den Beteiligten (§ 4 Abs. II Satz 2), wenn ein Vergleich geschlossen wird.**

Über die Verhandlung wird eine Niederschrift[2] aufgenommen, die von dem Vorsitzenden und dem Schriftführer zu unterzeichnen[3] ist. Sie soll Ort und Tag der Verhandlung, die Bezeichnung der mitwirkenden Personen und der Beteiligten sowie das Ergebnis der Verhandlung enthalten.[4]

Kommt ein Vergleich[5] zustande, so ist er in der Niederschrift festzustellen. Die Niederschrift ist insoweit, als sie einen Vergleich enthält, den Beteiligten vorzulesen oder zur Durchsicht vorzulegen und von ihnen zu unterzeichnen. In der Niederschrift ist zu bemerken, daß dies geschehen und die Genehmigung erfolgt ist.

1. Der Schriftführer muß als Urkundsperson zu jeder Verhandlung vor dem vollbesetzten EA. zugezogen werden, zu einer Vorverhandlung (§ 4 II Satz 2) nur dann, wenn ein Vergleich zustande kommt. Dem Schriftführer obliegen außerdem noch andere Aufgaben z. B. Entgegennahme von Parteierklärungen, insbesondere von Anträgen (§ 2 II Satz 1), Gegenerklärungen und Antragszurücknahme außerhalb der Sitzung, Ladung der Beteiligten, Zeugen usw. (Anm. 3 zu § 5 und Anm. 4 zu § 7), Herstellung der Ausfertigung von Beschlüssen und Zustellung derselben an die Parteien (§ 12) und die Pflicht zur Belehrung und Unterstützung der Parteien, namentlich durch den Hinweis auf die sachdienlichen Anträge und die Beifügung der wesentlichen Beweisurkunden (Anm. 4 zu § 2 und Stein § 502 IV). Die Vorschriften der ZPO. über Ausschließung und Ablehnung der Gerichtspersonen finden entsprechende Anwendung (s. Anm. 3 zu § 1 und § 49 ZPO.). Auch Frauen können als Schriftführer tätig sein (vgl. BBek. vom 14. Dezember 1916, RGBl. S. 1362). Bei der Beratung des Spruches darf der Schriftführer nicht anwesend sein (§ 195 GVG. e contr.). In dem Verfahren vor dem AG. (§ 11 II VO.) tritt an seine Stelle der Gerichtsschreiber (§ 15 Ziff. 1).

2. Eine Niederschrift ist sowohl über die Verhandlung vor dem vollbesetzten EA. wie vor dem Vorsitzenden allein aufzunehmen. Bezüglich der Niederschrift über eine Beweisaufnahme, insbesondere der Zeugen- und Sachverständigenaussagen s. Anm. 2 zu § 7. § 10 II Satz 3, der vorschrieb, daß die Niederschrift den anwesenden Beteiligten vorzulesen oder zur Durchsicht vorzulegen und von ihnen zu unterschreiben sei, ist in der Neufassung vom 23. September 1918 fallen gelassen worden; diese Bestimmung bedeutete insbesondere hinsichtlich der Unterschrift der Beteiligten für das EA. eine große Last, da es regelmäßig gezwungen war, sofort in der Sitzung eine Reinschrift herzustellen, um die Unterschrift der anwesenden Beteiligten zu ermöglichen. Trotz des Wegfalles des Satz 3 empfiehlt es sich, soweit es sich um Willenserklärungen mit privatrechtlicher Wirkung, z. B. um Anerkenntnisse oder Verzichtleistungen, handelt (§ 160 II Ziff. 1 ZPO.), den hierauf bezüglichen Teil der Niederschrift vorzulesen oder zur Durchsicht vorzulegen und festzustellen, daß dies geschehen und die Genehmigung erfolgt sei (§ 162). Über die Sondervorschrift bei Vergleichen s. Anm. 5. § 164 ZPO. (ausschließlicher Beweis der Förmlichkeiten des Verfahrens durch die Niederschrift) findet entsprechende Anwendung (a. M. Pfeiffenberger S. 60).

3. Die Unterschrift ist Voraussetzung für die volle Beweiskraft der Niederschrift als öffentliche Urkunde (§§ 415/8 ZPO.). Bei Verhinderung des Vorsitzenden (schwere Erkrankung, Tod) findet § 163 II Satz 1 ZPO. keine Anwendung, es genügt vielmehr die Unterschrift des Schriftführers (§ 163 II Satz 2 ZPO.; Prenner GGG. § 47 Anm. 4, § 271 II StPO. hinsichtlich des schöffengerichtlichen Verfahrens).

4. Zu den mitwirkenden Personen zählen außer dem Vorsitzenden und den Beisitzern auch der Schriftführer; bei den Beisitzern ist ihre Eigenschaft als Hausbesitzer oder Mieter (§ 8 VO.) zum Ausdruck zu bringen. Neben den Beteiligten (Anm. 2 zu § 4) sind auch die Namen der gesetzlichen Vertreter, Prozeßbevollmächtigten und Beistände aufzunehmen (§ 159 Ziff. 4 ZPO.). Die Verletzung der Formvorschriften, ja selbst der Mangel eines Protokolles macht die Entscheidung nicht nichtig (Anm. 3 a zu § 7 und Stein § 159 V).

5. Über die Vorschrift des § 162 ZPO. hinaus muß der Vergleich von den Beteiligten unterschrieben sein. Beim Fehlen der Unterschrift und der anderen die Form der Niederschrift betreffenden Bestimmungen des § 10 ist der Vergleich nicht vollstreckbar (§ 13 MSchVO.).

§ 11.

Die Entscheidung des Einigungsamts erfolgt durch Beschluß.[1] Der Beschluß enthält[2] die Namen der Mitglieder, die bei der Entscheidung mitgewirkt haben und ist von dem Vorsitzenden zu unterschreiben.[3]

1. Durch Beschluß erfolgen nicht nur die Endentscheidungen des EA., sondern auch die einstweiligen Anordnungen (§ 8) und alle Entscheidungen des EA. innerhalb der Sitzung, z. B. Beweisbeschlüsse nach § 7 und die Aufgabe an die Parteien, für die Herbeischaffung von Beweismaterial zu sorgen (§ 6). Entscheidungen des Vorsitzenden ergehen dagegen nur dann in Beschlußform, wenn er außerhalb der Sitzung an Stelle des EA. handelt (§ 9), nicht aber, wenn es sich um „Verfügungen" des Vorsitzenden als solchen, z. B. um Anberaumung eines Termins oder um Akte der Prozeßleitung, handelt.

Die §§ 195—199 GVG. über Beratung und Abstimmung gelten entsprechend; insbesondere darf die Niederschrift und die Entscheidung nichts über das Stimmverhältnis enthalten (RGRspr. Bd. 2 S. 70). § 309 ZPO. ist hier auch dann nicht anwendbar, wenn der Entscheidung eine mündliche Verhandlung (§ 4) vorausgegangen ist, da die mündliche Verhandlung im Gegensatz zum Zivilprozeß nur informatorische Bedeutung besitzt (ebenso Pfeiffenberger S. 44).

2. Als Inhalt des Beschlusses ist durch § 11 lediglich die Bezeichnung der Mitglieder des EA. vorgeschrieben, die bei der Entscheidung mitgewirkt haben (§ 8 VO.). Abgesehen von der Beschlußformel hat aber die Entscheidung in entsprechender Anwendung des § 313 I ZPO. auch die Bezeichnung der Parteien, ihrer gesetzlichen Vertreter und der Prozeßbevollmächtigten, sowie einen kurzen Tatbestand samt Gründen zu enthalten. Die Beifügung von Gründen ist nicht nur ein Gebot des richterlichen Anstandes, namentlich dann, wenn ein Antrag abgelehnt wird (Stein § 329, I, 5), sie ist ferner nicht bloß wünschenswert, da beide Parteien wissen wollen, aus welchen Gründen die Entscheidung in der ausgesprochenen Weise gefällt wurde (so Rohde JW. 1918 S. 213), sondern unbedingt notwendig mit Rücksicht auf die materielle Rechtskraft, weil es der nackten Entscheidung (Beschlußtenor) nicht angesehen werden kann, aus welchen Gründen, ob aus prozessualen oder materiellen Gründen und aus welchen der Antrag abgelehnt wurde und die Gründe dann als Auslegungsbehelf herangezogen werden müssen (s. Neumiller S. 216 oben zu § 322); man denke z. B. an den in Anm. 4 zu § 4 VO. zitierten Fall der nachträglichen Entscheidung des ordentlichen Gerichts über die Kündigung des Mieters. Gegen die Weglassung von Gründen dürfte nur dann nichts zu erinnern sein, wenn glatt nach dem Antrag erkannt wird (§ 313 III entspr.).

3. Die Unterzeichnung des Beschlusses erfolgt nur durch den Vorsitzenden, nicht durch die Beisitzer und den Schriftführer. Ist der Beschluß als Ganzes ein Bestandteil der Verhandlungsniederschrift, so gilt § 10 II. Die Unterzeichnung ist von demjenigen Vorsitzenden vorzunehmen, der bei der „Fällung", nicht von dem, der bei der „Verkündung" des Beschlusses mitgewirkt hat.

§ 12.

Die Beschlüsse (§ 11) und die Anordnungen auf Grund des § 8 sind von dem Schriftführer auszufertigen; er bescheinigt die Übereinstimmung mit der Urschrift.[1])

Die Beschlüsse sind den Beteiligten, soweit sie nicht in deren Gegenwart verkündet sind, in der im § 5 Abs. 2 vorgeschriebenen Weise mitzuteilen.[2]

1. Die Ausfertigung, dazu bestimmt, die bei den Akten verbleibende Urschrift als solche nach außen zu vertreten, ist in der Überschrift als „Ausfertigung" zu bezeichnen, enthält am Schlusse die Bescheinigung des Gleichlautes mit der Urschrift, die Angabe des Tages der Erteilung, die Unterschrift des Schriftführers und ist mit dem Siegel des EA. oder der Gemeinde zu versehen (vgl. bayer. GeschAnw. für die Gerichtsschreibereien § 77, bayer. JMBl. 1910 S. 300). Die Ausfertigung darf nicht erteilt werden, solange die Urschrift nicht vom Vorsitzenden unterzeichnet ist (§ 317 II ZPO.). Eine Ausfertigung ist auch von einem etwaigen Beweisbeschluß (Anm. 2 zu § 7) gemäß § 7 II in Verbindung mit §§ 377 I, 402 ZPO. zu erteilen, in allen anderen Fällen, z. B. bei der Mitteilung des Antrages (§ 2) an den Gegner, genügt die Übermittlung einer beglaubigten Abschrift.

2. Eine Verkündung der Beschlüsse ist nicht vorgeschrieben. Erfolgt jedoch die Bekanntgabe der Entscheidung in unmittelbarem Anschluß an eine mündliche Verhandlung, zu welcher die Parteien formgerecht nach § 5 geladen waren, so entsteht der Beschluß nicht erst mit der Zustellung an die Parteien, sondern schon mit der Verkündung (Stein § 328, I, 3); die Mitteilung an eine nicht erschienene Partei ist zwar hier vorgeschrieben, ihre Unterlassung läßt aber die Rechtswirksamkeit der Entscheidung unberührt (§§ 329, 312 ZPO.). Anders, wenn eine mündliche Verhandlung nicht stattgefunden hat (Anm. 1 zu § 4); hier tritt die Entscheidung erst ins Leben mit der Mitteilung an die Parteien. Die Zustellung erfolgt von Amts wegen. § 5 I Satz 2 gilt entsprechend, ebenso § 496 V ZPO., wonach die Ausfertigung einer Entscheidung, soferne nicht von den Parteien ein anderes beantragt wird, unter Weglassung der Gründe erfolgen kann. Über die Kosten der Zustellung s. Anm. 7 zu § 14 MSchVO.

§ 13 (neu).

Die Vollstreckungsklausel[1] zu einem vor dem Einigungsamte geschlossenen Vergleich ist vom Vorsitzenden[2] zu erteilen und mit dem Siegel des Einigungsamts oder der Gemeindebehörde zu versehen. Ist der Vergleich von einem Bevollmächtigten geschlossen, so darf eine vollstreckbare Ausfertigung nur erteilt werden, wenn eine schriftliche Vollmacht vorliegt.[3]

In den Fällen des § 726 Abs. 1, der §§ 727 bis 729, 738, 742, 744, des § 745 Abs. 2 und des § 749 ZPO. ist die vollstreckbare Ausfertigung nur auf Anordnung des Amtsgerichts zu erteilen, in dessen Bezirk das Einigungsamt seinen Sitz hat.[4]

Das im Abs. 2 bezeichnete Amtsgericht ist zuständig für die Entscheidung über Einwendungen, welche die Zulässigkeit der Vollstreckungsklausel betreffen, sowie für die Entscheidung über Erteilung einer weiteren vollstreckbaren Ausfertigung.[5]

Der § 797 Abs. 5 ZPO. findet Anwendung.[6]

1. Nach §§ 724 I, 794 Ziff. 1, 795 ZPO. darf die Zwangsvollstreckung nur auf Grund einer mit der Vollstreckungsklausel versehenen Ausfertigung des Vergleiches (vollstreckbare Ausfertigung) erfolgen. Das Vorliegen einer solchen Ausfertigung bildet die unbedingte Voraussetzung für das Tätigwerden der gerichtlichen Vollstreckungsorgane (Gerichtsvollzieher und Vollstreckungsgericht). Die Vollstreckungsklausel ist der Ausfertigung des Vergleiches (s. Anm. 1 zu § 12) am Schlusse beizufügen. Sie lautet:

> Vorstehende Ausfertigung wird dem usw. (Bezeichnung der Partei) zum Zwecke der Zwangsvollstreckung erteilt.

Der Zustellung der Vollstreckungsklausel an den Schuldner bedarf es bloß in den Fällen des Abs. II (vgl. § 750 II ZPO.).

2. Im Gegensatz zum Zivilprozeß (§ 725 a. a. O.) ist die Vollstreckungsklausel zu einem vor dem „Einigungsamt" geschlossenen Vergleiche nicht von dem Schriftführer (§ 10) auszustellen, sondern von dem Vorsitzenden des nach § 2 I in der Sache selbst tätigen Amtes, selbst wenn der Vergleich auf Ersuchen um Rechtshilfe vor einem auswärtigen EA. zustande gekommen ist.

Dies gilt auch dann, wenn die in §§ 2—5 MSchVO. vorgesehenen Befugnisse einer anderen als einer gemeindlichen Stelle übertragen sind. Soweit eine solche Stelle über ein eigenes amtliches Siegel nicht verfügt und deshalb die zwingende Vorschrift, daß die Vollstreckungsklausel mit dem Siegel des EA. zu versehen ist, durch sie nicht erfüllt werden kann, muß die Klausel mit dem Siegel der Gemeinde versehen werden, in deren Bezirk die Stelle ihren Sitz hat. Übt das AG. die Funktionen eines EA. aus (§ 11 II MSchVO.), so ist trotz der Anordnung entsprechend Anwendung der §§ 1—14 (§ 15) nicht der Amtsrichter, sondern der Gerichtsschreiber zur Erteilung der Vollstreckungsklausel zuständig, da § 13 I nur von einem vor dem „Einigungsamte" (§ 1 I MSchVO.) geschlossenen Vergleiche spricht und nicht einzusehen wäre, warum der Gerichtsschreiber zwar zur Erteilung sämtlicher vollstreckbarer Ausfertigungen im ordentlichen Verfahren (s. auch FGG. § 31) zuständig sein, diese Befugnis aber hinsichtlich eines nach der MSchVO. abgeschlossenen Vergleiches entbehren soll.

3. Der Aufnahme von Satz 2 in der RKBek. bedurfte es mit Rücksicht auf § 5 III Satz 2 MSchVO., wonach das EA. während des ganzen Verfahrens also auch beim Abschluß eines Vergleiches den Mangel der Vollmacht des Vertreters einer Partei unberücksichtigt lassen kann. Wird die Klausel zu Unrecht erteilt, so dient sie trotzdem den Vollstreckungsorganen als gültige Vollstreckungsgrundlage unbeschadet des Rechtes des Schuldners, im Wege der Vollstreckungsgegenklage (§ 767 ZPO.) geltend zu machen, ein materiell gültiger Vergleich liege nicht vor, weil es an seiner Genehmigung fehle (§ 177 BGB.).

4. Hängt die Vollstreckung des Vergleiches nach seinem Inhalt von einer bestimmten Bedingung ab (§ 726 I) oder soll die Vollstreckung für oder gegen eine andere Partei durchgeführt werden als die, welche an dem Abschluß des Vergleiches teilgenommen hat, z. B. bei nachträglicher Rechtsnachfolge durch Rechtsgeschäft oder Erbgang (§ 727), bei Eintritt der Nacherbschaft, wenn der Vergleich durch den Vorerben abgeschlossen war (§ 728), bei nachträglicher Bestellung eines Nießbrauches an einem Vermögen (§ 738), bei Veränderungen im Güterstand von Ehegatten (§§ 742, 744/5) oder beim Eintritt eines Testamentsvollstreckers, wenn der Vergleich durch den Erblasser abgeschlossen war (§ 749), so darf der Vorsitzende ähnlich wie der Gerichtsschreiber im ordentlichen Verfahren (§ 730 ZPO.) die Klausel nur auf Anordnung des AG. erteilen, in dessen Bezirk das EA. seinen Sitz hat. Die Anordnung des AG., die nicht von der betreibenden Partei selbst, sondern von dem EAVorsitzenden unmittelbar zu erwirken ist, bildet nur eine Voraussetzung für die Erteilung der Klausel. Die Erteilung selbst erfolgt nicht durch das Gericht, sondern wie in Abs. I durch den EAVorsitzenden. In der Vollstreckungsklausel ist zu erwähnen, daß sie „auf Anordnung des AG." erteilt wird, da sonst die Klausel unwirksam und die Vollstreckung unzulässig ist (Stein § 726, VI: § 730 III in entspr. Anwendung). Nur die Erteilung ist von der Anordnung des AG. abhängig, dagegen nicht die Verweigerung der Klausel.

5. Das AG. der belegenen Sache (§ 2 I) ist zuständig zur Entscheidung über Einwendungen des Schuldners, welche die Zulässigkeit der vom Vorsitzenden erteilten Vollstreckungsklausel betreffen, z. B. über die Einwendung, daß der Nachweis der Bedingung, von welcher die Vollstreckung abhängt (§ 726), unvollständig geführt oder daß die Bedingung überhaupt nicht eingetreten ist (§ 732 ZPO.), sowie zur Entscheidung über Erteilung einer weiteren Vollstreckungsklausel durch den EAVorsitzenden (§§ 733/4). Abs. 3 findet entsprechende Anwendung, wenn der Vorsitzende die Klausel verweigert; dem Gläubiger steht hiegegen das Recht der Anrufung des AG. und bei Abweisung durch dieses die Beschwerde an das Landgericht zu (§§ 567, 576 in entspr. Anwendung; das AG. tritt nach der ganzen Struktur des Verfahrens nach § 13 an die Stelle des vollbesetzten EA.).

6. Der von der Vollstreckbarkeit gerichtlicher und notarieller Urkunden handelnde § 797 ZPO. erklärt in Abs. 5 für Klagen auf Erteilung der Vollstreckungsklausel (§ 731), sowie für Klagen, durch welche die den Anspruch selbst betreffenden Einwendungen geltend gemacht werden, z. B. daß der Vergleich materiellrechtlich unwirksam sei (§ 767), oder durch welche der bei der Erteilung der Vollstreckungsklausel als bewiesen angenommene Eintritt der Voraussetzung für die Erteilung der Vollstreckungsklausel bestritten wird (§ 768), das Gericht für zuständig, bei welchem der Schuldner im Deutschen Reich seinen allgemeinen Gerichtsstand und in Ermangelung eines solchen das Gericht, in dessen Bezirk sich Vermögen des Schuldners oder der mit der Klage in Anspruch genommene Gegenstand befindet. Sachlich zuständig ist für diese Klagen, je nachdem der Streitwert 600 ℳ übersteigt oder nicht, das Landgericht oder Amtsgericht (§ 23 Ziff. 2 GVG. ist unanwendbar, da es sich nicht mehr um die Erledigung eines mietrechtlichen Streites handelt, sondern nur um die Zulässigkeit der Vollstrekkung; Stein § 797 Anm. 19); örtlich zuständig ist im Gegensatz zu Abs. 2 und 3 nicht das Gericht der belegenen Sache, sondern das Gericht, in dessen Bezirk der Schuldner seinen Wohnsitz hat (§ 13 ZPO.).

§ 14 (§ 13).

Die Entscheidung des Einigungsamts über die Gebühr und die baren Auslagen ist vollstreckbar.[1] Die Vollstreckung richtet sich nach den Vorschriften über die Beitreibung von Gemeindeabgaben.[2]

Die Parteien haben keinen Anspruch auf Erstattung ihrer Auslagen.[3]

1. Im Gegensatz zur Entscheidung über die Hauptsache (Anm. 1 zu § 13 MSchVO.) ist die Entscheidung über die Gebühr und die baren Auslagen (§ 14 II MSchVO.) unmittelbar ohne einen weiteren Spruch des ordentlichen Gerichts vollstreckbar.

2. Während aus Vergleichen ausschließlich die gerichtliche Zwangsvollstreckung nach der ZPO. stattfindet (§ 13 MSchVO.), erfolgt hier die Vollstreckung nach den landesrechtlichen Vorschriften über die Beitreibung von Gemeindeabgaben (preuß. KommunalabgabenG. vom 14. Juli 1893 § 90 I GS. S. 152; bayer. UmlG. Art. 33). Dies gilt auch, wenn eine andere Stelle als die Gemeindebehörde die Funktionen des EA. ausübt (§ 11 I); die Vollstreckung obliegt dann der Gemeindeverwaltung, in deren Bezirk die Stelle gelegen ist. Auf das Verfahren vor den AG. findet die Bestimmung keine Anwendung (§ 15 Ziff. 2). Enthält ein Vergleich eine Vereinbarung über die Tragung der baren Auslagen, so ist insoweit § 14 I anzuwenden, obwohl § 13 VO. nur von „gerichtlicher" Zwangsvollstreckung spricht, da es zweifellos der Wille des Gesetzes ist, die Beitreibung aus jedem die Gebühr und die baren Auslagen betr. Vollstreckungstitel der Regel des § 14 I zu unterstellen.

3. Zu den Parteiauslagen zählen z. B. Reisekosten, Zeitversäumnis und sonstige Aufwendungen einer Partei, ferner die auf Bestellung eines Vertreters erwachsenden Auslagen. Auf ihre Erstattung haben die Parteien weder gegenüber dem EA. noch gegenüber anderen Beteiligten einen Anspruch. Rechtsanwälte können die ihnen zustehenden Gebühren (s. Anm. 4 zu § 5) ihren Auftraggebern gegenüber durch Klage beim ordentlichen Gericht geltend machen, eine Festsetzung durch das EA. ist regelmäßig ausgeschlossen, es sei denn, daß die Verpflichtung zur Tragung der Kosten durch die Gegenpartei in einem vollstreckbaren Vergleich (§ 13 MSchVO.) übernommen ist.

Durch § 14 II ist nicht nur die Geltendmachung eines solchen Anspruches im Verfahren vor dem EA. ausgeschlossen, sondern auch vor dem ordentlichen Gericht (a. M. Pfeiffenberger, der die Vorschrift nur für eine pseudomateriellrechtliche Vorschrift hält, die weiter nichts besagen will, als daß sich das EA. nicht mit den Parteiauslagen zu befassen habe und daß es den Parteien überlassen bleibe, ihren Ersatzanspruch nach allgemein zivilrechtlichen Grundsätzen im ordentlichen Prozeß geltend zu machen). Der Anspruch besteht nur insoweit nicht, als es sich um „Parteiauslagen" handelt, die in dem Verfahren vor dem EA. entstanden sind, die außerhalb des Verfahrens erwachsenen, z. B. die in dem Nachverfahren vor dem ordentlichen Gericht oder bei der „gerichtlichen" Vollstreckung eines Vergleiches entstehenden Parteiauslagen können im ordentlichen Prozeß auf Grund Zivilrechtes (Verzug, Arglist) geltend gemacht werden.

§ 15 (neu).

Die Bestimmungen der §§ 1 bis 14 finden auf das Verfahren vor den Amtsgerichten, soweit sie nach § 11 Abs. II der Bekanntmachung zum Schutze der Mieter in Mieteinigungssachen zuständig sind, mit folgenden Maßgaben entsprechende Anwendung:[1]

1. An die Stelle des Schriftführers tritt der Gerichtsschreiber.[2]
2. Die Vollstreckung der Entscheidung über die Gebühr und die baren Auslagen des Verfahrens richtet sich nach den Vorschriften über die Beitreibung von Gerichtskosten.[3]

1. § 15 entspricht der RKBek. vom 15. September 1917 (RGBl. S. 834) und bildet die Ausführungsvorschrift zu § 11 II MSchVO. Aus der entsprechenden Anwendung der für die EA. geltenden Bestimmungen folgt insbesondere, daß das Verfahren vor dem AG., soweit es als EA. angerufen wird, vom Offizialprinzip beherrscht wird (Anm. 1 zu § 6), daß daher eine Beweiserhebung von Amts wegen zulässig ist (§ 7 I), die Ladung zum Termin nicht an die Formen der ZPO. gebunden ist (§ 5), das Gericht die Befugnis zur Erlassung einstweiliger Anordnungen hat (§ 8) und daß das Verfahren Gebührenfreiheit im Rahmen des § 14 MSchVO. genießt. Ist beim Amtsgericht ein Räumungsprozeß oder ein Rechtsstreit wegen Nichterfüllung der Leistung durch den Vermieter anhängig, so steht der Gegenpartei das Recht zu, im gleichen Verfahren einredeweise den Antrag auf Unwirksamkeitserklärung der Kündigung oder auf Aufhebung des Antrages (§ 2 Ziff. 1 und 2) zu stellen und eine Entscheidung über diesen Antrag herbeizuführen, da die MSchVO. eine den §§ 598, 615 ZPO. entsprechende Bestimmung nicht kennt (ebenso Katz in DJZ. 1917 S. 884; a. M. Pfeiffenberger S. 46). Über die aktenmäßige Behandlung der Mieteinigungssachen siehe die preuß. MinEntschl. vom 18. September 1917 (JMBl. S. 309). In Bayern gilt außer den im Anhang S. 107 ff. abgedruckten Entschließungen die MinBek. vom 1. Oktober 1917 (JMBl. Beibl. S. 237).

2. Dem beim AG. gemäß § 154 GVG. für das ordentliche Verfahren aufgestellten Gerichtsschreiber obliegen alle Geschäfte des Schriftführers (Anm. 1 zu § 10). Daneben ist der Gerichtsschreiber auch noch zu allen Handlungen befugt, die zwar dem Schriftführer nicht zustehen, wohl aber dem Gerichtsschreiber nach den Grundsätzen des ordentlichen Verfahrens, z. B. die Festsetzung der baren Auslagen (§ 104 ZPO.) und die Erteilung der Vollstreckungsklausel (§ 724 ZPO., Anm. 2 zu § 13).

3. § 14 I Satz 2 ist unanwendbar. Maßgebend ist das Reichsgerichtskostengesetz vom 20. Mai 1898 (RGBl. S. 659 ff.). Schuldner der Gebühren und der baren Auslagen ist gemäß § 86 GKG. der nach § 14 II MSchVO. in die Kosten Verurteilte oder welcher dieselben durch eine vor dem Gericht abgegebene oder ihm mitgeteilte Erklärung übernommen hat. Hinsichtlich der zur Beitreibung berufenen Stelle und die Art der Vollstreckung in den einzelnen Bundesstaaten s. Neumiller, ZPO. S. 61. Über Erinnerungen des Zahlungspflichtigen und der Staatskasse gegen den Ansatz von Gebühren und Auslagen entscheidet das Gericht gebührenfrei; eine Beschwerde hiegegen nach § 4 II GKG. ist unzulässig, da auch das Rechtsmittel in der Hauptsache ausgeschlossen ist (§ 7 I Satz 3 VO. oben S. 35).

C. Bekanntmachung über Maßnahmen gegen Wohnungsmangel.

Vom 23. September 1918.
(RGBl. S. 1143)

Der Bundesrat hat auf Grund des § 3 des Gesetzes über die Ermächtigung des Bundesrats zu wirtschaftlichen Maßnahmen usw. vom 4. Aug. 1914 (RGBl. S. 327) folgende Verordnung[1] erlassen:

§ 1.

Macht sich im Bezirk einer Gemeindebehörde, in dem ein Einigungsamt errichtet ist, nach dem Ermessen der Landeszentralbehörde ein besonders starker Mangel an Wohnungen geltend, so kann die Landeszentralbehörde die Gemeindebehörde zu den in den §§ 2 bis 5 bezeichneten Anordnungen ermächtigen.[2]

Das gleiche gilt für Bezirke, in denen Befugnisse aus den §§ 2 bis 5 der Bekanntmachung zum Schutze der Mieter gemäß § 11 Abs. 1 dieser Bekanntmachung einer anderen Stelle übertragen sind.[3]

1. Die Erlassung der VO. diente dem Zwecke, an Stelle der im Laufe des Krieges ergangenen zahlreichen Anordnungen militärischer Befehlshaber, die im wesentlichen den §§ 2—5 ähnliche Bestimmungen enthielten, untereinander aber oft stark voneinander abwichen (vgl. z. B. die Anordnungen des stellv. GenKomm. in Altona vom 1. Juni 1918, in Münster vom 18. Juni 1918, in Kassel vom 4. Mai 1918, des II. und III. bayer. AK. vom 10. April und 27. Juni 1918, bayer. Staatsanz. Nr. 87 und 149), einheitliche, für das ganze Reich geltende Grundsätze aufzustellen (s. hierüber Einl. II, 3). Die durch die vorliegende VO. in ihrem wesentlichen Inhalt gegenstandslos gewordenen Anordnungen militärischer Befehlshaber sind größtenteils von diesen selbst aufgehoben worden (s. z. B. die Aufhebung des II. und III. bayer. AK. vom 12. und 15. Oktober 1918, bayer. Staatsanz. Nr. 240 und 244).

2. Die VO. ist ebenso wie die MSchVO. ein Rahmengesetz, d. h. sie überläßt es je nach dem örtlichen Bedürfnis den Landeszentralbehörden, eine Gemeindebehörde zu den in §§ 2—5 bezeichneten Maßnahmen zu ermächtigen. Voraussetzung der Geltung der §§ 2—5 ist ebenso wie nach § 5 MSchVO. a) das Bestehen eines gemeindlichen EA. (s. hiezu Anm. 3), b) ein besonders starker Mangel an Wohnungen im Gemeindebezirke und c) eine auf Grund der Ermächtigung durch die Landeszentralbehörde ergangene Anordnung der zuständigen Gemeindebehörde. Das bayerische Ministerium des Innern hat die Ermächtigung allen Gemeinden, in denen ein mit den Befugnissen nach § 1 MSchVO. ausgestattetes EA. besteht, generell erteilt (MinBek. vom 28. September 1918 Anh. S. 111), ohne daß es noch eines besonderen Antrags der Gemeindebehörde und des Nachweises eines besonderen Wohnungsmangels bedarf. Die Ermächtigung des Einigungsamts oder der ihm entsprechenden Stellen zu den in §§ 2, 4, 5 übertragenen Entscheidungen folgt, wenn die Gemeindebehörde die vorgesehenen Ermächtigungen erhalten hat, unmittelbar aus der WVO.; einer besonderen landesgesetzlichen Ermächtigung bedarf es hierfür nicht mehr (Begr. Abs. II).

Gemeindebehörde ist in Preußen der Magistrat unter Zustimmung der Stadtverordnetenversammlung (vgl. z. B. § 56 der Städteordnung für die sieben östlichen Provinzen vom 30. Mai 1853 e contr.), in Bayern in Gemeinden mit städtischer Verfassung der Magistrat, in allen übrigen Gemeinden der Bürgermeister (MinBek. vom 28. September 1918 s. Anh. S. 110). Hinsichtlich der als Landeszentralbehörde zuständigen Stelle s. Anm. 3 zu § 5 MSchVO.

Über die Möglichkeit der Erlassung über den Rahmen der §§ 2—5 hinausgehenden Anordnungen durch die Landeszentralbehörde s. § 9.

3. Die Ermächtigung zu Anordnungen nach §§ 2—5 kann auf Grund der WVO. auch Gemeindebehörden erteilt werden, in deren Bezirk zwar ein gemeindliches EA., aber eine andere paritätisch besetzte, gemeinnützige, mit den Befugnissen des EA. ausgestattete Stelle besteht, nicht dagegen Gemeindebehörden, in deren Bezirk das AG. als EA. fungiert (§ 11 II MSchVO.).

Diese insbesondere in der jetzigen Demobilmachungszeit fühlbare gesetzliche Lücke hat in Bayern der Demobilmachungskommissar im Benehmen mit den Ministerien der Justiz und für soziale Fürsorge durch eine Bek. vom 6. Dezember 1918 (s. Anh. S. 115), in welcher er auch für Gemeinden, in deren Bezirk ein EA. nicht errichtet ist, Anordnungen trifft, die den §§ 2—5 WVO. nahezu gleichlauten. Sie weichen hiervon lediglich dadurch ab, daß an Stelle des EA. das AG. tritt und an Stelle der Gemeindebehörde von der Ortspolizeibehörde die Rede ist, d. i. wie nach der MinBek. vom 28. September 1918 (s. Anm. 2) der Magistrat bzw. der Bürgermeister (Art. 92 ff., 139 GemO.). An der Rechtsgültigkeit der Bekanntmachung vom 6. Dezember 1918 ist, obwohl sie den Rahmen der WVO. überschreitet, nicht zu zweifeln, da sie, wenn auch nicht ausdrücklich, ihre Berechtigung aus der BBek. über die wirtschaftliche Demobilmachung vom 7. November 1918, RGBl. S. 1292, ableitet. Über die Meinung, Art. 2 RV. („Reichsrecht geht vor Landesrecht) sei durch die Revolution außer Wirksamkeit gesetzt s. z. B. Lieb in „Gewerbe- und Kaufmannsgericht" Bd. 24 S. 123 ff.

§ 2.

Die Gemeindebehörde kann untersagen,[1] daß ohne ihre vorhergehende Zustimmung

a) Gebäude oder Teile von Gebäuden abgebrochen,[2]
b) Räume, die bis zum 1. Oktober 1918 zu Wohnzwecken bestimmt oder benutzt waren, zu anderen Zwecken, insbesondere als Fabrik-, Lager-, Werkstätten-, Dienst- oder Geschäftsräume verwendet werden.[3]

Die Zustimmung darf nur versagt werden, wenn das Einigungsamt sich mit der Versagung einverstanden erklärt hat.[4]

1. Durch § 2 soll verhindert werden, daß in den Notstandsbezirken (§ 1) vorhandener Wohnraum vernichtet (a) oder seinem Zwecke entfremdet (b) wird (Begr. Abs. III). Die Untersagung ist an die Erteilung der Ermächtigung durch die Landeszentralbehörde geknüpft (Anm. 2 zu § 1) und kann, wenn ein allgemeines Verbot nicht ergangen ist, auch durch eine spezielle Unterlassungsvorschrift im Einzelfall angeordnet werden. Der bayerische Demobilmachungskommissar hat im Gegensatz hiezu in § 1 seiner Bekanntmachung vom 6. Dezember 1918 (s. Anh. S. 115) das freie Ermessen der Gemeindebehörde, ob sie eine dem § 2 WBO. entsprechende Vorschrift erlassen will oder nicht, ausgeschaltet und für Bezirke ohne EA. unmittelbar selbst ausgesprochen: Es ist verboten, ohne vorhergehende Zustimmung der „Ortspolizeibehörde" . . . (folgt der Wortlaut unter a und b).

Über ortsübliche Bekanntmachung der Anordnungen und ihre Mitteilung an die Aufsichtsbehörde usw. s. bayer. MinBek. vom 28. Sepember 1918 (Anh. S. 110).

2. Der Abbruch eines Gebäudes als solcher würde nach der Bauordnung einer baupolizeilichen Genehmigung nicht bedürfen (vgl. Englert, Bayer. BauO. 4. Aufl. XI, 142, 145); diese Lücke im Interesse der Bekämpfung des Wohnungsmangels auszufüllen, dient die Bestimmung unter a.

„Gebäude" ist jeder Hochbau, der entweder im Erdboden befestigt und mit ihm so verbunden ist, daß die Unbeweglichkeit von Grund und Boden sich darauf überträgt oder welchen doch, wenn sie auch nicht mit dem Boden fest zusammenhängen, nach ihrer ganzen Anlage, nach ihrer Länge, Höhe und Tiefe die Eigenschaft der Unbeweglichkeit innewohnt, z. B. auch jeder umfangreichere Barackenbau ohne Rücksicht darauf, ob er mit seinem Standort in eine feste Verbindung gebracht ist oder nur auf Rädern oder einfach auf dem Boden lagernden Balken ruht, wenn nur aus der ganzen Anlage die Absicht erhellt, sie auf dem ursprünglichen Platz zu belassen (Englert S. X, preuß. OVG. Sammlung Bd. 4 S. 392 und 538, bayer. ObLG. Bd. 2 S. 122 und die dort zit. Rechtspr.). Das Abbruchsverbot erstreckt sich nicht nur auf Gebäude, die zu „Wohnzwecken" bestimmt oder benutzt werden, sondern auf Gebäude aller Art, insbesondere auf Gebäude, die Fabrik-, Geschäftsräume usw. enthalten (§ 5).

3. Die Möglichkeit eines Verbotes der Verwendung zu anderen als Wohnzwecken erstreckt sich nur auf Räume, die bis zum 1. Oktober 1918 zu Wohnzwecken bestimmt oder benutzt waren, erfaßt hiernach nicht die zahlreichen Räume, die zwar ursprünglich zu Wohnzwecken bestimmt waren oder hiezu geeignet sind, in letzter Zeit bis zum 1. Oktober 1918 aber nicht mehr zu Wohnzwecken benutzt wurden. § 2 dient eben nur dem Zweck, den tatsächlichen Bestand an Wohnraum, wie er am 1. Oktober 1918, dem „maßgebenden Stichtag für die Verwendungsart eines Raumes" (Begr. Abs. III) vorhanden war, zu erhalten, nicht aber dem Zweck, weiteren Wohnraum zurückzugewinnen (ebenso Stützel in Bayer. GemZ. 1918 S. 604). In Bayern wurde diese Gesetzeslücke ausgefüllt durch die Verordnung vom 22. November 1918 Ziff. I, A, 1, a, wonach während der Demobilmachungszeit eine Gemeindebehörde mit einem EA. die Räumung von Wohnungen verlangen kann, die zwar baupolizeilich als Wohnraum genehmigt sind, zurzeit aber zu anderen Zwecken verwendet werden (s. Anh. S. 112 ff.).

Bei der Verordnung des bayerischen Demobilmachungskommissars vom 6. Dezember 1918 (s. Anh. S. 115) tritt an Stelle des 1. Oktober als Stichtag der 8. Dezember 1918 (Tag der Verkündung im Staatsanzeiger).

4. Die Fassung des Abs. II ist insoferne nicht besonders glücklich gewählt, als die Gemeindebehörde in jedem Falle, in dem sie die Zustimmung versagen will, ihrerseits das EA. um sein Einverständnis ersuchen muß, anstatt daß man es dem über das Gebäude oder die Räume Verfügungsberechtigten überlassen hätte, im Falle eines ihm ungünstigen Bescheides der Gemeindebehörde das EA. seinerseits anzurufen (s. auch Stützel a. a. O. und dessen treffende Ausführung, daß durch eine solche Regelung den EA. manche Inanspruchnahme erspart bleiben würde). In richtiger Erkenntnis dieses Mangels hat deshalb der bayerische Demobilmachungskommissar (s. Anm. 1) für Bezirke, in denen ein EA. nicht besteht, bestimmt: „Im Falle der Versagung der Zustimmung kann die Aufsichtsbehörde (Bezirksamt, Kreisregierung) — hier nicht das AG. an Stelle des EA. — angerufen werden, die endgültig entscheidet." An eine Frist ist die Anrufung der Aufsichtsbehörde nicht geknüpft.

Bei Prüfung der Frage, ob die Zustimmung zu versagen ist oder nicht, sind neben der allgemeinen Lage des Wohnungsmarktes die besonderen Umstände des Einzelfalles und dabei die Interessen des Grundstückeigentümers und der sonstigen Berechtigten zu berücksichtigen (§ 6 Satz 1). Erklärt sich das EA. mit der Versagung der beantragten Erlaubnis nicht einverstanden, so muß die Gemeindebehörde die Erlaubnis erteilen (Begr. Abs. III).

§ 3.

Die Gemeindebehörde kann anordnen,[1] daß der Verfügungsberechtigte[2]

a) unverzüglich[3] Anzeige[4] zu erstatten hat, sobald eine Wohnung oder Fabrik-, Lager-, Werkstätten-, Dienst-, Geschäftsräume oder sonstige Räume unbenutzt sind,

b) ihrem Beauftragten über die unbenutzten Wohnungen und Räume sowie über deren Vermietung Auskunft zu erteilen und ihm die Besichtigung zu gestatten hat.[5]

Als unbenutzt[6] gelten Wohnungen und Räume der bezeichneten Art, wenn sie völlig leer stehen oder nur zur Aufbewahrung von Sachen dienen, soferne dem Verfügungsberechtigten eine andere Aufbewahrung ohne Härte zugemutet werden kann, oder wenn der Verfügungsberechtigte seinen Wohnsitz dauernd oder zeitweilig in das feindliche Ausland verlegt hat.

1. Die §§ 3—5 betreffen die Erfassung der für Wohnzwecke geeigneten Räume. Ihr Verwendungsgebiet ist jedoch ausschließlich auf „unbenutzte" Räume (Abs. II) beschränkt. Über die weitergehende Regelung durch die bayerische Regierung während der Demobilmachungszeit s. Anm. 6.

2. Verfügungsberechtigt ist regelmäßig der Eigentümer, je nach den Umständen aber auch der Nießbraucher, gesetzliche Vertreter, Verwalter usw. (Begr. Abs. V und Anm. 4 zu § 5 MSchVO.).

3. Über den Begriff „unverzüglich" s. Anm. 15 zu § 2 MSchVO.

4. Die Anzeige muß nicht notwendig an die Gemeindebehörde selbst erstattet werden, diese kann vielmehr anordnen, daß die Anzeige an eine bestimmte gemeindliche Stelle, z. B. den Wohnungsinspektor oder das Wohnungsamt, zu erstatten ist und daß hierbei ein bestimmtes Formblatt benützt wird (MinBek. vom 28. September 1918, Anh. S. 110). Unberührt bleiben die landesrechtlichen Vorschriften, welche die Anzeige auch anderer als „unbenutzter" Räume vorschreiben (vgl. Art. 73 II bayer. PStGB. und die hierauf beruhenden ortspolizeilichen Vorschriften). Über den ausschließlichen gemeindlichen Wohnungsnachweis s. Anh. S. 120 § 3.

5. Die Pflicht zur Auskunftserteilung erstreckt sich auf alle Tatsachen, die für die Behörde für eine Neuvermietung von Bedeutung sind, insbesondere über die Zahl, Art und Größe der Räume, den bisher bezahlten und bei der Neuvermietung begehrten Mietzins. Hinsichtlich der Pflicht, die Räume besichtigen zu lassen, gilt der im Mietrecht bezüglich der Besichtigung der Räume durch Mietlustige bestehende Grundsatz, daß die Besichtigung nicht zu jeder beliebigen Tageszeit verlangt werden kann, sondern daß auf die Interessen des Verfügungsberechtigten billige Rücksicht zu nehmen ist (vgl. Mittelstein S. 294 ff.).

6. Unbenutzt ist eine Wohnung nur dann, wenn sie völlig leer steht oder nur zur Aufbewahrung von Sachen dient, nicht auch wenn die eine örtliche und wirtschaftliche Gesamtheit bildenden Räume nur zum Teil leer stehen oder nur zum Teil der Verwahrung von Sachen dienen, während die übrigen Räume zum Gebrauch eingerichtet sind; über die Frage, ob solchenfalls der eingerichtete Teil im Verhältnis zu den anderen Räumen so unbedeutend ist, daß trotzdem von „Unbenutztheit" gesprochen werden kann, entscheidet das EA. nach billigem Ermessen (§ 6). Auch für Wohnungen oder andere Räume, die zwar gekündigt, aber noch nicht geräumt sind, erstreckt sich die Bestimmung nicht (Begr. Abs. V).

Von dem einen Fall abgesehen, daß der Verfügungsberechtigte seinen Wohnsitz dauernd oder zeitweilig in das feindliche (nicht auch das neutrale) Ausland verlegt hat, sind hiernach „unbenutzte" Räume im Sinne der §§ 3—5 nicht identisch mit „unbewohnten". Diesem Mißstand half die bayerische Regierung durch Verordnung vom 22. November 1918 Ziff. 1 (s. Anh. S. 112ff.) ab, durch die sie dem Meldezwang und der Verfügungsmacht der Gemeindebehörde auch Räume unterwarf, die zwar zu Wohnzwecken vermietet sind, tatsächlich aber nicht bewohnt werden, ferner auch Wohnräume, deren Inhaber noch über eine andere Wohnung, wenn auch in einer anderen Gemeinde, verfügt, es sei denn, daß die Nichtbenutzung der Wohnung mit der Leistung von Heeresdienst im Zusammenhange steht (Ziff. 1 Abs. II) oder daß ein dringendes wirtschaftliches Bedürfnis zur Benutzung zweier Wohnungen vorliegt (Ziff. 1 Abs. III).

§ 4.[1]

Hat die Gemeindebehörde dem Verfügungsberechtigten für eine unbenutzte Wohnung oder für andere unbenutzte Räume, die zu Wohnzwecken geeignet sind,[2] einen Wohnungssuchenden bezeichnet und kommt zwischen ihnen ein Mietvertrag nicht zustande, so setzt auf Anrufen der Gemeindebehörde[3] das Einigungsamt,[4] falls für den Verfügungsberechtigten kein unverhältnismäßiger Nachteil[5] zu besorgen ist, einen Mietvertrag[6] fest. Der Vertrag gilt als geschlossen, wenn der Wohnungssuchende nicht innerhalb einer vor dem Einigungsamte zu bestimmenden Frist bei diesem Widerspruch erhebt.[7]

Das Einigungsamt kann dabei anordnen, daß die Gemeinde an Stelle des Wohnungssuchenden als Mieter gilt und berechtigt ist, die Mieträume dem Wohnungssuchenden weiterzuvermieten.[8]

1. Bei Durchführung der Anzeige- und Auskunftspflicht des § 3 erlangt die Gemeindebehörde eine übersicht über die in ihrem Bezirke verfügbaren, zu Wohnzwecken geeigneten Räume. Sie ist daher in der Lage, den Wohnungsuchenden bereitstehende Wohngelegenheiten und ebenso denen, die über die Räume zu verfügen haben, geeignete Mietbewerber zu bezeichnen. Weist sie nach § 4 einem Verfügungsberechtigten (s. Anm. 2 zu § 3) für seine unbenutzten Räume einen Wohnungsuchenden zu, so ist es zunächst deren Sache, sich über die Überlassung zu einigen und einen Mietvertrag zu schließen. Kommt zwischen den beiden Beteiligten kein Mietvertrag zustande, so eröffnet § 4 die Möglichkeit des Abschlusses eines Zwangsmietvertrages durch das EA. (Begr. Abs. VI).

2. § 4 erstreckt sich nur auf „unbenutzte" (s. Anm. 6 zu § 3) Räume, die zu Wohnzwecken entweder schon bisher gedient haben oder doch ohne weitere als den üblichen Instandsetzungsarbeiten zu Wohnzwecken benutzt werden können. Über die weitergehende Inanspruchnahme von unbenutzten Fabrikräumen usw., die nicht ohne weiteres zu Wohnzwecken benutzt werden können, s. § 5 und über die Inanspruchnahme auch anderer als „unbenutzter" Räume im Sinne des § 3 II s. die bayer. VO. vom 22. Nov. 1918, I, A, 1 (Anh. S. 112ff.) und die VO. v. 29. April 1919 § 1 II Anh. S. 119 („freiwerdende Wohnungen").

3. Zur Anrufung des EA. ist ausschließlich die Gemeindebehörde, in Bezirken, in denen ein EA. nicht errichtet ist, die „Ortspolizeibehörde" (s. Anh. S. 115), nicht auch der Wohnungsuchende legitimiert. Die Gemeindebehörde wird zwar regelmäßig auf Anregung des Wohnungsuchenden das EA. anrufen, sie ist indessen hiezu auch ohne einen solchen Antrag imstande, z. B. wenn sich der Wohnungsuchende nach dem Scheitern der Verhandlungen mit einem neuen Zuweisungsgesuch an sie wendet (Begr. a. a. O.). Der Wohnungsuchende muß, wenngleich nicht zur Anrufung des EA. legitimiert, als sachlich am Verfahren beteiligt, vor der Entscheidung gehört werden. Das gleiche gilt von dem zur Verfügung über die Räume Berechtigten (§ 3 II RKBek., oben S. 57). Über die Wirkung des fehlenden rechtlichen Gehörs s. § 6 WVO. in Verbindung mit Anm. 3a zu § 7 MSchVO.). In Bayern ist den Gemeindebehörden selbst nunmehr das Recht zur Erlassung einer e. A. eingeräumt (s. Anh. S. 117 Ziff. 1).

4. Örtlich zuständig*) ist das EA., in dessen Bezirk die Räume gelegen sind (§ 2 I Satz 2 RKBek., oben S. 55), in Bezirken, in denen ein EA. nicht errichtet ist, entscheidet das AG. als EA. (s. Anh. S. 115). Die Entscheidung des EA. ist ebensowenig vollstreckbar wie nach der MSchVO.; mangels einer dem § 13 MSchVO. entsprechenden Vorschrift kann die Vollstreckung aus einem Mietvertrag nicht betrieben werden, der durch Vergleich vor dem EA. zustande kommt, es bedarf vielmehr noch eines weiteren, vor dem ordentlichen Gericht zu erlangenden Rechtstitels.

5. Die Ablehnung des Antrags der Gemeindebehörde ist nur dann zulässig, wenn sie dem Verfügungsberechtigten (Anm. 2 zu § 3) einen unverhältnismäßigen Nachteil bringt, wenn also der dem Verfügungsberechtigten durch den Zwangsmietvertrag drohende Schaden den dem neuen Mieter bei Nichtabschluß des Mietvertrages erwachsenden Nachteil überwiegt (vgl. OLG. Augsburg vom 20. Oktober 1914 Recht 1914 S. 706). Der Begriff

*) Für Bayern s. jetzt die VO. vom 29. April 1919 § 4 S. 120.

„unverhältnismäßiger Nachteil“ läßt sich nicht allgemein, sondern nur von Fall zu Fall bestimmen; jedenfalls darf aber dem Verfügungsberechtigten keine „offenbare“ Beeinträchtigung seiner Interessen zugefügt werden (Erl.-W. S. 138); dies wäre z. B. der Fall, wenn zweifellos feststünde, daß der neue Mieter offensichtlich zahlungsunfähig ist oder daß er so übel beleumundet ist, daß dem Verfügungsberechtigten insbesondere auch mit Rücksicht auf die übrigen Hausbewohner die Aufnahme der betreffenden Person nicht zugemutet werden kann.

In Bezirken, in denen ein EA. nicht besteht, ist dagegen das AG. nicht befugt, den Antrag der Ortspolizeibehörde abzulehnen, da § 2 der Bekanntmachung des bayerischen Demobilmachungskommissars vom 6. Dezember 1918 den Satz „falls für den Verfügungsberechtigten kein unverhältnismäßiger Nachteil zu besorgen ist“ nicht enthält. Das AG. kann jedoch bei Festsetzung der Bedingungen des Mietvertrages nach billigem Ermessen entscheiden, obwohl die erwähnte bayerische Verordnung eine dem § 6 Satz 1 entsprechende Bestimmung nicht enthält.

6. a) Der Mietvertrag hat über alle gesetzlich notwendigen ortsüblichen und die Besonderheit des Falles erforderten Punkte, insbesondere über die Höhe des Mietzinses und die Dauer des Mietverhältnisses, die nach dem billigen Ermessen des EA. zweckentsprechenden Bestimmungen zu enthalten (Begr. Abs. VI). Die den Mietvertrag festsetzende Entscheidung verleiht dem Mieter unmittelbar gegenüber dem über die Räume Verfügungsberechtigten und umgekehrt die gleichen Rechte wie ein auf freier Vereinbarung zustande gekommener Mietvertrag, also insbesondere auf Erfüllung der in dem Zwangsvertrag beiden Teilen auferlegten Verbindlichkeiten und auf Schadensersatz wegen Nichterfüllung. Vermietet der Verfügungsberechtigte die Räume trotz der Entscheidung des EA. an einen Dritten, so ist der vom EA. bestimmte Mieter lediglich auf seinen Schadensersatzanspruch angewiesen (Mittelstein S. 78/9), der ihm praktisch regelmäßig kein genügendes Äquivalent für sein dringendes Wohnungsbedürfnis bietet. Auch eine Strafvorschrift gegen Verletzung der Überlassungspflicht nach § 4 enthält die Verordnung nicht (s. § 10). Die Verordnung des bayerischen Demobilmachungskommissars (Anh. S. 115/6) füllt für Bezirke, in denen ein EA. nicht besteht, diese Lücke dadurch aus, daß sie dem Verfügungsberechtigten die Überlassung der Räume auf Anforderung der Ortspolizeibehörde ausdrücklich zur Pflicht macht und die Verletzung dieser Pflicht unter Strafe stellt (§§ 2 und 6 das.).*)

b) Der Abschluß des Zwangsvertrages hat nicht die Beendigung des mit dem bisherigen Inhaber der unbenutzten Räume bestehenden Mietvertrages zur Folge. Da durch das Fortbestehen dieses Vertrages für den Vermieter möglicherweise eine zivilrechtliche Haftung entstehen kann und diese mit Rücksicht auf den neuen Zwangsvertrag eine Härte bedeutet, bestimmt die

*) Für Bayern s. ferner jetzt die dingliche Sicherung gegen anderweitige Verfügung durch Ziff. 1/II der Bek. vom 18. März 1919 Anh. S. 117.

bayerische Verordnung vom 22. November 1918 in Ziff. 1 Abs. V (Anh. S. 113) für ihr Anwendungsgebiet ausdrücklich, daß nach Ablauf einer bestimmten, von der Gemeindebehörde oder dem EA. festzusetzenden Frist ein bestehender Mietvertrag unwirksam wird.

c) § 4 bietet keine Handhabe, den Hausbesitzer zur Vornahme einfacher Herrichtungsarbeiten, wie sie bei Abschluß eines freien Vertrages bei Mieterwechsel üblich sind, anzuhalten. Siehe dagegen Ziff. 4 der bayer. VO. vom 22. Nov. 1918 (Anh. S. 114) für ihr Anwendungsgebiet u. Bek. vom 18. März 1919 Ziff. 2 (Anh. S. 116). Überall da, wo die Überbürdung der Herrichtungskosten für den Hausbesitzer, weil über den Rahmen des üblichen hinausgehend, eine Härte bedeuten würde, können die der Gemeinde hierdurch erwachsenen Auslagen als Kosten der Kriegswohlfahrtspflege angemeldet werden (Bek. des bayer. Min. für soziale Fürsorge vom 10. Dez. 1918, bayer. Staatsanz. Nr. 289).

7. Das Widerspruchsrecht steht binnen der vom EA. festgesetzten Frist nur dem Wohnungsuchenden zu, nicht auch dem Vermieter. Dieser hat lediglich die vom EA. festzusetzende und eventuell die gesetzliche Kündigungsbefugnis, unbeschadet der dem Mieter hiegegen nach der MSchVO. zustehenden Rechte. Erfolgt ein Widerspruch des Mieters nicht, so kommt der Festsetzung des EA. die Wirkung eines die Parteien bindenden Mietvertrages zu, der wie jeder sonstige Mietvertrag durch gegenseitige Übereinstimmung der Parteien aufgehoben oder geändert werden kann.

In Bezirken, in denen ein EA. nicht besteht, ist auch den Wohnungsuchenden ein Widerspruchsrecht nicht eingeräumt, der Zwangsmietvertrag ist hier also schon im Zeitpunkt der Entscheidung des AG. für beide Teile bindend (Bek. vom 6. Dez. 1918 § 2 Anh. S. 115).

8. Abs. II trägt dem Umstand Rechnung, daß es dem Vermieter u. U. nicht zuzumuten ist, unmittelbar mit dem ihm zugewiesenen Mieter, z. B. wegen dessen Zahlungsunfähigkeit, in direkte Rechtsbeziehung zu treten (Begr. a. a. O.). In diesem Falle tritt die Gemeinde als Hauptmieterin und der Wohnungsuchende als Untermieter ein. Über die Abwälzung der Gefahr der anderweitigen Unterbringung der Sachen, die sich bisher in den unbenutzten Räumen befanden, von der Gemeindebehörde auf den über die Sache Verfügungsberechtigten s. die bayer. MinBek. vom 19. Oktober 1918, Anh. S. 112).

§ 5.

Auf Anfordern der Gemeindebehörde hat der Verfügungsberechtigte der Gemeinde unbenutzte Fabrik-, Lager-, Werkstätten-, Dienst-, Geschäftsräume oder sonstige Räume zur Herrichtung als Wohnräume gegen Vergütung zu überlassen. Das Einigungsamt bestimmt die Höhe der Vergütung und die Zahlungsbedingungen, wenn eine Einigung hierüber nicht zustande kommt. Die Gemeindebehörde ist berechtigt, den Gebrauch der hergerichteten Räume einem Dritten zu überlassen, insbesondere sie zu vermieten.

Nach Fortfall der der Gemeindebehörde erteilten Ermächtigung (§ 1) sind dem Verfügungsberechtigten die Räume in angemessener Frist zurückzugewähren. Die Frist bestimmt, wenn eine Einigung nicht zustande kommt, das Einigungsamt. Auf Verlangen des Berechtigten hat die Gemeinde den der früheren Zweckbestimmung und Ausstattung entsprechenden Zustand der Räume wieder herzustellen.

Im Gegensatz zu § 4, der die Erfassung von unbenutzten „Wohn"räumen betrifft, bezieht sich § 5 auf die Verwertung von unbenutzten Fabrik- usw. Räumen für Wohnzwecke. Darüber hinausgehend wird § 5 durch § 2 der bayerischen Verordnung vom 22. November 1918 Anh. S. 113 auch für anwendbar erklärt zugunsten von Dienst-, Geschäfts- oder gewerblichen Zwecken.

§ 5 findet gemäß § 3 der Bek. des bayer. DemobKomm. vom 6. Dezember 1918 Anh. S. 116 für Bezirke, in denen ein EA. nicht errichtet ist, entsprechende Anwendung (Anm. 3 zu § 1).

Die Kosten der Herrichtung der Räume zu Wohn- bzw. gewerblichen Zwecken und die seinerzeitige Wiederherstellung des früheren Zustandes (Abs. II) treffen mit Rücksicht auf ihre regelmäßig nicht unbeträchtliche Höhe die Gemeinde, nicht den Hauseigentümer oder einen anderen privaten Beteiligten (anders Anm. 6c zu § 4). Über die Verrechnung dieser Auslagen als solche der Kriegswohlfahrtspflege s. § 4 a. a. O.

§ 6.

Das Einigungsamt entscheidet nach billigem Ermessen. Seine Entscheidungen sind unanfechtbar.

Vgl. hiezu die Anm. zu § 7 MSchVO. oben S. 35 ff.

Der Grundsatz der Entscheidung nach billigem Ermessen und der Unanfechtbarkeit des Spruches gilt auch dann, wenn das AG. als EA. entscheidet, obwohl, wahrscheinlich aus einem Redaktionsversehen, die bayerische Verordnung vom 6. Dezember 1918 (Anh. S. 115) eine dem § 6 entsprechende Bestimmung nicht enthält.

§ 7.

Auf das Verfahren vor dem Einigungsamte (§§ 2, 4, 5) finden die Vorschriften der Verordnung, betreffend Einigungsämter, vom 15. Dezember 1914 (RGBl. S. 511) keine Anwendung. Das Verfahren ist gebührenfrei; das Einigungsamt bestimmt, wer die baren Auslagen des Verfahrens zu tragen hat. Im übrigen wird das Verfahren durch den Reichskanzler geregelt.

Vgl. hiezu die Anm. zu § 14 MSchVO. oben S. 48ff.

Das Verfahren vor den AG. in Bezirken, in denen kein EA. errichtet ist, richtet sich nach § 15 der RKBek. vom 23. September 1918 (bayer. DemobBek. vom 6. Dezember 1918, Anh. S. 115).

§ 8.

Die Landeszentralbehörden können Ausführungsbestimmungen zu dieser Verordnung erlassen.

Der preußische Staatskommissar für das Wohnungswesen hat Ausführungsbestimmungen bisher nicht erlassen. Bezüglich der in Bayern ergangenen MinBek. s. Anh. S. 110ff.

§ 9.

Machen sich im Bezirk einer Gemeindebehörde nach dem Ermessen der Landeszentralbehörde infolge besonders starken Mangels an Wohnungen außergewöhnliche Mißstände geltend, so kann die Landeszentralbehörde mit Zustimmung des Reichskanzlers die Gemeindebehörde auch zu anderen als den in den §§ 2—5 bezeichneten Anordnungen ermächtigen.

§ 9 sieht für Bezirke, in denen sich außergewöhnliche Mißstände auf dem Wohnungsmarkte zeigen, die Möglichkeit der Erlassung von weitergehenden, den Rahmen der WVO. überschreitenden Anordnungen vor. Die Bestimmung war im Entwurf der Verordnung nicht vorgesehen, sie wurde vielmehr erst auf Antrag Bayerns aufgenommen. Die Worte „mit Zustimmung des Reichskanzlers" wurden sodann entgegen dem Antrag der bayerischen Regierung erst vom Bundesrat hinzugefügt, was bei der Eile, die gewöhnlich die Erlassung von Notstandsverordnungen auf Grund § 9 erfordert, gerade keine Verbesserung bedeutete (Stützel in Bayer. GemZ. S. 677).

Der preußische Staatskommissar für das Wohnungswesen hat bisher mit Zustimmung des Reichskanzlers (Reichsarbeitsamt) sechs preußische Großstädte ermächtigt, ihre Anordnungen gemäß §§ 4 und 5 auf benutzte Fabrik-, Lager-, Werkstätten-, Dienst-, Geschäfts- und sonstige Räume auszudehnen, ferner auf gewerbsmäßig ausgenutzte Gasträume in Hotels, Pensionen und dergl. Hinsichtlich solcher „benutzter" Räume wurde eine Auskunfts- und Besichtigungspflicht gemäß § 3b, nicht aber eine Anzeigepflicht gemäß § 3a WVO. für zulässig erklärt.

Bayern hat von § 9 keinen Gebrauch gemacht, vielmehr auf Grund der Demobilmachungsvorschriften (s. Anm. 3 zu § 1) sehr viel weitergehende Vorschriften durch Verordnung vom 22. November 1918, Anh. S. 112, erlassen, von welchen außer den bereits in den Anm. zu §§ 3—5 erwähnten Bestimmungen die einschneidende Wohnungsrationierungsvorschrift (§ 3 das.) hervorgehoben zu werden verdient.*)

§ 10.

Mit Geldstrafe bis zu eintausend Mark wird bestraft,

1. wer einem von der Gemeindebehörde gemäß § 2 erlassenen Verbote zuwiderhandelt,
2. wer einer von der Gemeindebehörde gemäß § 3 erlassenen Anordnung zuwider vorsätzlich eine Anzeige oder eine Auskunft nicht oder nicht rechtzeitig erstattet oder wissentlich unrichtige oder unvollständige Angaben macht oder eine Besichtigung nicht gestattet,
3. wer einer Anordnung zuwiderhandelt, die von einer Gemeindebehörde auf Grund der ihr gemäß § 9 erteilten Ermächtigung erlassen worden ist.

Zuwiderhandlungen gegen §§ 4 und 5 sind nicht unter Strafe gestellt (vgl. dagegen Anm. 6a zu § 4). Hinsichtlich der entsprechenden Strafbestimmung für Bezirke, in denen ein EA. nicht errichtet ist, s. die Bek. des bayer. DemobKomm. § 7 Anh. S. 116.

§ 11.

Diese Verordnung tritt mit dem Tage der Verkündung in Kraft. Der Reichskanzler bestimmt den Zeitpunkt des Außerkrafttretens.

Die Verkündung erfolgte im RGBl. am 24. September 1918.

D. Bekanntmachung, betreffend Einigungsämter.

Vom 15. Dezember 1914.

(RGBl. S. 511).

Der Bundesrat hat auf Grund des § 3 des Gesetzes über die Ermächtigung des Bundesrats zu wirtschaftlichen Maßnahmen usw. vom 4. August 1914 (RGBl. S. 327) folgende Verordnung erlassen:

§ 1.[1]

Ist im Bezirk einer Gemeindebehörde eine kommunale oder gemeinnützige Anstalt (Einigungsamt)[2] mit der Auf-

*) S. ferner jetzt die VO. betr. die Bekämpfung der Wohnungsnot § 2 (Anh. S. 119).

gabe betraut worden, zwischen Mietern und Vermietern oder zwischen Hypothekenschuldnern und Hypothekengläubigern zum Zwecke eines billigen Ausgleichs der Interessen zu vermitteln,[3] so kann die Landeszentralbehörde anordnen,[4] daß die Vorschriften der §§ 2 und 3 Geltung haben sollen.

1. Die Bek. vom 15. Dez. 1914 bildet insofern die Grundlage für die MSchVO. vom 26. Juli 1917, als zu den nach dieser VO. vorgesehenen Entscheidungen nur ein EA. ermächtigt werden kann, das nach § 1 der VO. vom 15. Dez. 1914 mit der Aufgabe betraut ist, zwischen Mietern und Vermietern zum Zwecke eines billigen Ausgleiches der Interessen zu vermitteln (s. Anm. 1 zu § 1 MSchVO.). Die VO. ist ebenso wie die MSchVO. ein Rahmengesetz, d. h. sie gewährt die Befugnisse nach §§ 2 und 3 den bestehenden EA. nicht unmittelbar selbst, sondern sie stellt eine dahingehende Anordnung in das Ermessen der Landeszentralbehörde.

2. Die Anordnung der Landeszentralbehörde ist nicht auf kommunale Anstalten beschränkt. Die Befugnisse nach §§ 2 und 3 können auch nichtgemeindlichen gemeinnützigen Anstalten z. B. Rechtsauskunftsstellen, Schlichtungskommissionen usw. übertragen werden, wie sie schon vor Erlaß der BBek. an vielen Orten zum Zwecke der Schlichtung von Streitigkeiten bestanden (vgl. Anm. 1 zu § 11 MSchVO.).

3. Das EA., das nicht zugleich auch dem § 8 MSchVO. und den Vorschriften der RKBek. vom 23. Sept. 1918 (s. oben S. 53ff.) entspricht, ist nur zur Vermittlung zwischen Mietern und Vermietern oder Hypothekenschuldnern und Hypothekengläubigern zuständig, nicht zur Entscheidung über einen Streit unter diesen Parteien. Seine Zuständigkeit zur Vermittlung erstreckt sich aber nicht nur auf die Gegenstände der §§ 2—4 MSchVO., sondern auf jeden das Miet- bzw. Hypothekenrechtsverhältnis betreffenden Streit z. B. Unterlassung einer die Mietsache beeinträchtigenden Handlung, Zahlung des Mietzinses, Ausübung des Vermieterpfandrechtes usw. Vergleiche, die vor dem EA. geschlossen werden, sind nur vollstreckbar, wenn dem EA. auch die Ermächtigung nach § 1 der MSchVO. erteilt ist und nur, wenn das EA. um Vermittlung in einer Sache angegangen war, zu der es nach §§ 2—6 der MSchVO. zuständig ist (s. Anm. 1 zu § 13 MSchVO.). Ist ein EA. nur zur Vermittlung zwischen Hypothekenschuldnern und -gläubigern betraut, so erstreckt sich seine Tätigkeit nicht von selbst auf die Vermittlung von Mietstreitigkeiten; hiezu bedarf es vielmehr einer besonderen Ermächtigung (Erl.-W. S. 119, Mittelstein LZ. 1915 S. 277).

4. Landeszentralbehörde ist das Ministerium des Innern, in Preußen jetzt der Staatskommissär für das Wohnungswesen (s. Anm. 2 zu § 1 MSchVO.). Der Antrag auf Erlaß der Anordnung ist in Preußen von den Vorständen der Ortsgemeinden zu stellen, in deren Bezirk EA. bestehen oder errichtet werden sollen (preuß. AusfVO. vom 17. Dez. 1914 § 1, Anh. S. 102). In Bayern sind nach der Bek. der Staatsministerien der Justiz und des Innern vom 31. Dez. 1914 Ziff. 1 zu gemeindlichen EA. im Sinne des § 1 alle Vermittlungsämter erklärt worden, die nach der rechtsrheinischen Gemeindeordnung Art. 100, 144[1]) in allen Gemeinden r. d. Rh. bestehen. Diese besitzen ohne weiteres die Befugnisse nach §§ 2 und 3. Allen anderen gemeindlichen oder gemeinnützigen nichtgemeindlichen Vermittlungsanstalten räumt das Ministerium des Innern diese Befugnisse von Fall zu Fall auf Antrag ein. Der Antrag ist in kreisunmittelbaren Städten direkt, in Gemeinden, die einem Bezirksamt unterstehen, durch dessen Vermittlung zu stellen und hat außer einer Darlegung über die Gestaltung des EA. und etwaiger Verfahrensvorschriften eine Beschreibung der Maßnahmen zu enthalten, die mit gemeindlichen oder anderen Mitteln zur Förderung der Einigungstätigkeit getroffen werden sollen (preuß. AusfVO. a. a. O., bayer. MinBek. Ziff. 2).

§ 2.

Mieter, Vermieter, Hypothekenschuldner, Hypothekengläubiger sind verpflichtet, auf Erfordern des Einigungsamts vor diesem[1] zu erscheinen.[2] Die Gemeindebehörde[3] kann sie hierzu durch eine einmalige Ordnungsstrafe[4] bis zu einhundert Mark anhalten.

Mieter und Hypothekenschuldner sind verpflichtet, über die für die Ermittlung erheblichen, von dem Einigungsamte bestimmt zu bezeichnenden Tatsachen Auskunft[5] zu erteilen. Die Vorschrift im Absatz 1 Satz 2 findet entsprechende Anwendung.

Gegen die Festsetzung der Ordnungsstrafe (Absatz 1, 2) findet Beschwerde statt. Sie ist binnen zwei Wochen bei der Gemeindeaufsichtsbehörde zu erheben; diese entscheidet endgültig.[6]

1. Das lediglich vermittelnde EA. nach § 1 braucht im Gegensatz zu § 8 MSchVO. nicht mit Beisitzern aus dem Kreise

---

[1]) **Art.** 100 (144) lautet: Die Ausübung des Vermittlungsamtes bei Rechtsstreitigkeiten unter Gemeindeeinwohnern steht dem Bürgermeister zu. Derselbe ist jedoch befugt, hiermit ein anderes Magistratsmitglied oder einen höheren Gemeindebediensteten (Gemeindeausschußmitglied) zu beauftragen. Den Beteiligten ist es unbenommen, Männer ihres Vertrauens zu benennen, welche zum Sühneversuche beizuziehen sind. Die Zulassung von Advokaten ist ausgeschlossen.

Wenn auf gehörige Ladung nicht beide Parteien erscheinen, so ist der Vermittlungsversuch als vereitelt zu erachten. Ist der Kläger nicht erschienen, so verwirkt er eine Geldbuße von neunzig Pfennig zum Besten der Gemeindekasse.

Die Verhandlungen und Ausfertigungen des Vermittlungsamtes sind tax- und stempelfrei.

der Mieter und Hausbesitzer besetzt zu sein. Den Vorsitz führt in Preußen ein für das Richteramt oder den höheren Verwaltungsdienst befähigtes Mitglied, das vom Gemeindevorsteher zu ernennen oder zu bestätigen ist (preuß. AusfVO. § 2, Anm. 2 zu § 9 MSchVO.), in Bayern kann die Ausübung des Vermittlungsamtes vom Bürgermeister außer einem anderen Magistrats- bzw. Gemeindeausschußmitglied jedem höheren Gemeindebeamten, mithin auch einem nichtrechtskundigen Beamten übertragen werden (Art. 100, 144 GemO.; über den Begriff „höherer Gemeindebediensteter" s. Frank, Bayer. Gemeindebeamtenrecht S. 43).

2. Die Pflicht zum Erscheinen trifft in der Regel die beteiligten Personen selbst. Eine sich aus Gesetz (z. B. durch den gesetzlichen Vertreter, Konkurs- oder Nachlaßverwalter) oder aus rechtsgeschäftlich erteilter Vollmacht ergebende Vertretung ist zulässig. Insbesondere ist auch gegen die Zulassung von Rechtsanwälten trotz Art. 100, 144 I S. 4 bayer. GemO. nichts einzuwenden, da die BBek. selbst eine entsprechende Ausschließungsbestimmung nicht enthält und als Reichsrecht dem Landesrecht vorgeht (s. auch Anm. 4 zu § 5 RKBek. S. 62 und Sembritzki JW. 1916 S. 1407). Auswärtige Vermieter können sich auch ohne ausdrückliche Vollmacht durch ihre Hausverwalter vertreten lassen (preuß. AusfVO. § 5 II, bayer. MinBek. Ziff. 5 III). Die Erscheinungspflicht bei Vermeidung der im S. 2 angedrohten Ordnungsstrafe besteht nur gegenüber dem EA. des Wohnsitzes, Aufenthalts oder Sitzes der betreffenden Person; zur Erzwingung des Erscheinens kann jedoch das zur Vermittlung angegangene EA. die Gemeindebehörde oder das EA., in dessen Bezirk die zu vernehmende Person ihren Wohnort, Aufenthalt oder Sitz hat, um Rechtshilfe zwecks Einvernahme anrufen (preuß. AusfVO. § 5 III, bayer. MinBek. Ziff. 5 IV).

3. Die Ordnungsstrafe kann nicht von dem EA. als solchem, sondern nur von der Gemeindebehörde verhängt werden. Die preuß. AusfVO. § 2 II hat den Vorsitzenden des EA., gleichgültig ob es sich um ein gemeindliches oder um ein anderes EA. handelt, als Gemeindebehörde im Sinne des § 2 und § 3 bezeichnet. Für Bayern ist eine entsprechende Vorschrift nicht ergangen; der Vorsitzende des EA. muß hier den Ausspruch der Ordnungsstrafe dem Bürgermeister oder dessen gesetzlichen Stellvertreter (GemO. Art. 101 II, Art. 125 III) überlassen (bayer. MinBek. Ziff. 4).

4. Die Ordnungsstrafe kann nur „einmal" verhängt werden. Im Falle der Nichtbeitreibbarkeit ist die Umwandlung in eine Haftstrafe ausgeschlossen. Die Festsetzung der Ordnungsstrafe setzt ihre vorherige Androhung voraus. Sie soll erst verhängt werden, wenn die zweite Vorladung fruchtlos geblieben ist. Sie soll ferner unterbleiben, wenn die Zuwiderhandlung durch persönliche oder wirtschaftliche Verhältnisse des Pflichtigen entschuldigt wird; im Falle ihrer Anordnung soll sie der wirtschaftlichen Lage des Betroffenen sowie dem Grade und den Folgen des Verschuldens entsprechen (preuß. AusfVO. § 4, bayer. Min.-Bek. Ziff. 6). Die Verhängung der Ordnungsstrafe ist zwar gegenüber dem persönlich vorgeladenen gesetzlichen Vertreter möglich (ebenso Prenner GGG. S. 114), nicht jedoch gegenüber dem Bevollmächtigten einer Partei (ebenso Erl.-W. S. 120). Hinsichtlich der Nichtanwendbarkeit des § 2 im Verfahren nach der MSchVO. s. § 14 I das., oben S. 48.

5. Die Verpflichtung zur Auskunftserteilung obliegt hier im Gegensatz zu § 6 RKBek. nur dem Mieter und Hypothekenschuldner; der Vermieter und Gläubiger kann hiezu nicht gezwungen werden. Wissentlich unrichtige Angaben unterliegen der Bestrafung nach § 5. Über das Verlangen einer eidesstattlichen Versicherung s. § 3. Die Verweigerung der Auskunft hat so wenig wie das Nichterscheinen eine Sachfälligkeit zur Folge (Weil JW. 1915 S. 61).

6. Die Beschwerdefrist beginnt mit der gegen Nachweis erfolgenden (bayer. MinBek. Ziff. 6 IV) Zustellung des Strafbescheides. Die Beschwerde ist auch zulässig, wenn die Ordnungsstrafe von dem Vorsitzenden eines nicht gemeindlichen EA. (Anm. 3) verhängt wurde.

§ 3.

Die Gemeindebehörde ist befugt, von den im § 2 Abs. 1 bezeichneten Personen eine Versicherung an Eides-Statt über die Richtigkeit und Vollständigkeit ihrer Auskunft entgegenzunehmen.

Die Versicherung an Eides Statt kann nur von den Parteien selbst oder ihren Vertretern entgegengenommen werden, nicht auch von Dritten, die sich am Verfahren beteiligen oder von Zeugen (anders § 7 Abs. 1 MSchVO.). Ein Zwang zur Abgabe einer eidesstattlichen Versicherung durch den Ausspruch einer Ordnungsstrafe ist hier mangels einer dem § 2 I S. 2 entsprechenden Vorschrift ausgeschlossen (Erl.-W. S. 119; a. M. Pfeiffenberger S. 65).

§ 4.

Handelt es sich in einem Verfahren, in dem die §§ 1, 4 oder 5 der Bekanntmachung des Bundesrats vom 7. August 1914 (RGBl. S. 359) in der Fassung vom 20. Mai 1915 (RGBl. 290) oder die §§ 1 oder 3 der Bekanntmachung des Bundesrats vom 18. August 1914 (RGBl. S. 377) in der Fassung vom 20. Mai 1915 (RGBl. S. 292) Anwendung finden, um die Verpflichtung zur Zahlung des Mietzinses oder des Zinses für ein hypothekarisch sichergestelltes Darlehen oder die besonderen

Rechtsfolgen, die wegen der Nichtzahlung oder der nicht rechtzeitigen Zahlung nach Gesetz oder Vertrag eingetreten sind, oder eintreten, so hat das Gericht, sofern die Landeszentralbehörde von der ihr nach § 1 zustehenden Befugnis Gebrauch gemacht hat, das Einigungsamt vor der Entscheidung gutachtlich zu hören.

Der Gerichtsschreiber hat die Klage, die Ladung oder den Antrag in Abschrift dem Einigungsamt unverzüglich mitzuteilen. Das Einigungsamt ist verpflichtet, sein Gutachten mit tunlichster Beschleunigung dem Gerichte mitzuteilen.

Das ordentliche Gericht (Amtsgericht oder Landgericht), bei dem ein Verfahren betr. die Gewährung einer Zahlungsfrist oder betr. die Beseitigung der Rechtsfolgen der nichtrechtzeitigen Zahlung des Mietzinses anhängig ist (s. Einleitung Ziff. 2 und 3 S. 2ff.), ist zur Erholung eines Gutachtens des EA. verpflichtet. Die Anhörung des EA. steht nicht im freien Ermessen des Gerichts, sie kann bei Versäumung in der 1. Instanz im 2. Rechtszug nachgeholt werden. Das Ersuchen um ein zweites Gutachten in dem nämlichen Verfahren, etwa nach Schluß der Beweisaufnahme ist nicht vorgeschrieben. § 4 ist sinngemäß auch anzuwenden, wenn es sich um andere aus dem Mietverhältnis entspringende Forderungen als den Mietzins, z. B. um eine vertraglich vereinbarte Mietentschädigung handelt. Der Anhörung bedarf es dann nicht, wenn die Erstattung eines Gutachtens deshalb nicht notwendig ist, weil der Rechtsstreit aus anderen als Zweckmäßigkeitsgründen (z. B. wegen Fehlen einer gültigen Kündigung, wegen Nichtfälligkeit des Mietzinses) seine Erledigung finden wird (Pfeiffenberger S. 66). Die Pflicht zur Einforderung des Gutachtens besteht nur, wenn in der Gemeinde, in der das vermietete Grundstück liegt, ein EA. besteht, dem nach § 1 durch die Landeszentralbehörde die Befugnisse nach §§ 2 und 3 übertragen sind. Befindet sich neben dem gemeindlichen Vermittlungsamt nach Art. 100, 144 bayer. GemO. (s. die Fußnote zu § 1), das mit den Befugnissen der §§ 2 und 3 nicht ausgestattet ist, ein anderes gemeindliches oder nicht gemeindliches gemeinnütziges EA., für das §§ 2 und 3 gilt, so ist dieses EA. zu hören. Bei Konkurrenz mehrerer solcher EA. ist für die örtliche Zuständigkeit die Lage der Mietsache maßgebend (bayer. MinBek. Ziff. 8).

Das Gutachten ist schriftlich zu erstatten und vom Vorsitzenden oder dessen Vertreter zu unterschreiben. Um sich die erforderliche Grundlage zu verschaffen, kann das EA. die Beteiligten von Amts wegen vorladen. § 2 I S. 2 gilt entsprechend. Auf Verlangen des Gerichts hat das EA. das Gutachten, sei es schriftlich oder durch eines seiner Mitglieder zu erläutern (preuß. AusfVO. § 7, bayer. MinBek. Ziff. 9). An das Gutachten ist das Gericht nicht gebunden, es entscheidet wie über anderes Beweismaterial nach freiem billigen Ermessen (Erl.-W. S. 120, Mayer S. 84). Hinsichtlich der Gebühren insbesondere der Rechtsanwaltsgebühren s. Anm. zu § 7.

§ 5.

Wer die gemäß § 2 Abs. 2 von ihm erforderte Auskunft wissentlich falsch erteilt, wird mit Geldstrafe bis zu 1000 Mk. bestraft.

Mit Strafe bedroht ist nicht die Auskunfts*verweigerung*, sondern nur die *falsche* Auskunftserteilung.

§ 6.

Die Landeszentralbehörden erlassen die Bestimmungen zur Ausführung dieser Verordnung.

Vgl. hiezu für *Preußen* die AusfVO. vom 17. Dez. 1914 Anh. S. 102ff., für *Bayern* die MinBek. vom 31. Dez. 1914 Anh. S. 107ff.

§ 7.

Die aus Anlaß dieser Verordnung vorzunehmenden gerichtlichen Handlungen und das Verfahren vor dem Einigungsamt einschließlich aller hierfür erforderlichen Urkunden sind stempel- und gebührenfrei.

Hinsichtlich der *Gebührenfreiheit* des Verfahrens s. die Anm. zu § 14 II MSchVO., oben S. 48ff. Auch die *baren Auslagen* des Verfahrens können mangels einer dem § 14 II S. 6 MSchVO. entsprechenden Vorschrift nicht einem Beteiligten auferlegt werden.

Die Gebühren- und Stempelfreiheit des Verfahrens bezieht sich aber nicht auf die einem *Rechtsanwalte* zustehenden *Gebühren* (s. Anm. 2 zu § 2 und Anm. 4 zu § 5 RKBek. oben S. 62); der Rechtsanwalt kann die Gebühren jedoch nur von seinem Auftraggeber fordern, ein Anspruch auf Erstattung dieser „Parteiauslagen" gegenüber der Gegenpartei ist trotz des Fehlens einer besonderen dem § 14 Abs. II RKBek. oben S. 75 entsprechenden Bestimmung ausgeschlossen, soferne es sich nicht um ein Verfahren nach § 4 handelt. In diesem Falle können die erwachsenen Auslagen, insbesondere auch die in dem Verfahren vor dem EA. erwachsenen Anwaltskosten nach § 91 II ZPO. neben den Kosten und Gebühren des Rechtsstreites vor dem ordentlichen Gericht liquidiert werden (Erl.-W. S. 121). Die gegenteilige Auffassung des OLG. Dresden in JW. 1917 S. 303 und in BayZfR. 1915 S. 368, die Tätigkeit des Rechtsanwalts vor dem EA. nach § 4 wird durch die Prozeßgebühr des ordentlichen Rechtsstreites abgegolten, ist nicht zu billigen, da z. B. auch im Falle einer Vorentscheidung nach § 11 EG. GVG., Art. 7 II bayer. VGG. die in dem Vorentscheidungsverfahren erwachsenen Auslagen besonders berechnet werden können (Dyroff S. 251, bayer. VGH. Bd. 4 S. 176).

§ 8.

Diese Verordnung tritt mit dem Tage der Verkündung in Kraft.

III. Anhang.

A. Reichsrecht.

1. Gebührenordnung für Zeugen und Sachverständige.

Vom 20. Mai 1898 in der Fassung vom 10. Juni 1914.

§ 1. In den vor die ordentlichen Gerichte gehörigen Rechtssachen, auf welche die Zivilprozeßordnung, die Strafprozeßordnung oder die Konkursordnung Anwendung findet, erhalten die Zeugen und Sachverständigen Gebühren nach Maßgabe der folgenden Bestimmungen.

§ 2. Der Zeuge erhält eine Entschädigung für die erforderliche Zeitversäumnis im Betrage von zwanzig Pfennig bis zu einer Mark fünfzig Pfennig auf jede angefangene Stunde.

Die Entschädigung ist unter Berücksichtigung des von dem Zeugen versäumten Erwerbes zu bemessen und für jeden Tag auf nicht mehr als zehn Stunden zu gewähren. Ob eine Erwerbsversäumnis stattgefunden hat, ist nach freiem Ermessen unter Berücksichtigung der Lebensverhältnisse und der regelmäßigen Erwerbstätigkeit des Zeugen zu beurteilen.

Personen, welche durch einfache Handarbeit Handwerksarbeit oder geringeren Gewerbebetrieb ihren Unterhalt suchen, oder sich in gleichen Verhältnissen mit solchen Personen befinden, erhalten die nach dem geringsten Satze zu bemessende Entschädigung auch dann, wenn die Versäumnis eines Erwerbes nicht stattgefunden hat.

§ 3. Der Sachverständige erhält für seine Leistung eine Vergütung nach Maßgabe der erforderlichen Zeitversäumnis im Betrage bis zu drei Mark für jede angefangene Stunde. Ist die Leistung besonders schwierig, so darf der Betrag bis zu sechs Mark für jede angefangene Stunde erhöht werden.

Die Vergütung ist unter Berücksichtigung der Erwerbsverhältnisse des Sachverständigen zu bemessen.

Außerdem sind dem Sachverständigen die auf die Vorbereitung des Gutachtens verwendeten Kosten, sowie die für eine Untersuchung verbrauchten Stoffe und Werkzeuge zu vergüten.

§ 4. Besteht für die aufgetragene Leistung ein üblicher Preis, so ist dem Sachverständigen auf Verlangen dieser und für die außerdem stattfindende Teilnahme an Terminen die im § 3 Abs. I Satz 1 und Abs. II geregelte Vergütung zu gewähren.

Beschränkt sich die Tätigkeit des Sachverständigen auf die Teilnahme an Terminen, so erhält er lediglich die im § 3 bestimmte Vergütung.

§ 4a. . . . . .

§ 5. Als versäumt gilt für den Zeugen oder Sachverständigen auch die Zeit, während welcher er seine gewöhnliche Beschäftigung nicht wieder aufnehmen kann.

§ 6. Mußte der Zeuge oder Sachverständige außerhalb seines Aufenthaltsortes einen Weg bis zur Entfernung von mehr als zwei Kilometer zurücklegen, so ist ihm außer den nach §§ 2 bis 5 zu bestimmenden Beträgen eine Entschädigung für die Reise und für den durch die Abwesenheit von dem Aufenthaltsorte verursachten Aufwand nach Maßgabe der folgenden Bestimmungen zu gewähren.

§ 7. Soweit nach den persönlichen Verhältnissen des Zeugen oder Sachverständigen oder nach äußeren Umständen die Benutzung von Transportmittel für angemessen zu erachten ist, sind als Reiseentschädigung die nach billigem Ermessen in dem einzelnen Falle erforderlichen Kosten zu gewähren. In anderen Fällen beträgt die Reiseentschädigung für jedes angefangene Kilometer des Hinweges und des Rückweges zehn Pfennig.

§ 8. Die Entschädigung für den durch Abwesenheit von dem Aufenthaltsorte verursachten Aufwand ist nach den persönlichen Verhältnissen des Zeugen oder Sachverständigen zu bemessen, soll jedoch den Betrag von sieben und einer halben Mark für jeden Tag, an welchem der Zeuge oder Sachverständige abwesend gewesen ist, und von vier und einer halben Mark für jedes außerhalb genommene Nachtquartier nicht überschreiten.

§ 9. Mußte der Zeuge oder Sachverständige innerhalb seines Aufenthaltsortes einen Weg bis zu einer Entfernung von mehr als zwei Kilometer zurücklegen, so ist ihm für den ganzen zurückgelegten Weg eine Reiseentschädigung nach den Vorschriften des § 7 zu gewähren.

§ 10. Konnte der Zeuge oder Sachverständige den erforderlichen Weg ohne Benutzung von Transportmitteln nicht zurücklegen, so sind die nach billigem Ermessen erforderlichen Kosten auch außer den in den §§ 6, 9 bestimmten Fällen zu gewähren.

§ 11. Abgaben für die erforderliche Benutzung eines Weges sind in jedem Falle zu erstatten.

§ 12. Bedarf der Zeuge wegen jugendlichen Alters oder wegen Gebrechen eines Begleiters, so sind die Entschädigungen für beide zu gewähren.

§ 12a. Notwendige bare Auslagen, soweit sie nicht den durch den Aufenthalt außerhalb der Wohnung verursachten Aufwand betreffen, können den Zeugen oder Sachverständigen nach billigem Ermessen erstattet werden. Dies gilt namentlich von den Kosten für eine notwendige Vertretung.

§ 13. Soweit für gewisse Arten von Sachverständigen besondere Taxvorschriften bestehen, welche an dem Orte des Gerichts, vor welches die Ladung erfolgt, und an dem Aufenthaltsorte des Sachverständigen gelten, kommen lediglich diese Vorschriften in Anwendung. Gelten solche Taxvorschriften nur an einem dieser Orte, oder gelten an demselben verschiedene Taxvorschriften, so kann der Sachverständige die Anwendung der ihm günstigeren Bestimmungen verlangen.

In den Fällen des Abs. 1 kann der Sachverständige, wenn er nicht öffentlicher Beamter ist, an Stelle der Gesamtvergütung nach den Taxvorschriften die Berechnung der Gesamtvergütung nach den Vorschriften dieses Gesetzes beanspruchen.

Dolmetscher erhalten Entschädigung als Sachverständige nach den Vorschriften dieses Gesetzes, sofern nicht ihre Leistungen zu den Pflichten eines von ihnen versehenen Amtes gehören.

§ 14. Öffentliche Beamte erhalten Tagegelder und Reisekosten nach Maßgabe der für Dienstreisen geltenden Vorschriften, falls sie zugezogen werden:

1. als Zeugen über Umstände, von denen sie in Ausübung ihres Amtes Kenntnis erhalten haben;
2. als Sachverständige, wenn sie aus Veranlassung ihres Amtes zugezogen werden und die Ausübung der Wissenschaft, der Kunst oder des Gewerbes, deren Kenntnis Voraussetzung der Begutachtung ist, zu den Pflichten des von ihnen versehenen Amtes gehört.

Soweit allgemeine Vorschriften für Dienstreisen nicht erlassen sind, kann die oberste Verwaltungsbehörde über die Gewährung der den öffentlichen Beamten in den Fällen des Abs. 1 den Gerichten gegenüber zustehenden Tagegelder und Reisekosten besondere Vorschriften erlassen.

Werden nach den Vorschriften dieses Paragraphen Tagegelder und Reisekosten gewährt, so findet eine weitere Vergütung an den Zeugen oder Sachverständigen nicht statt.

Die vorstehenden Bestimmungen finden auf Personen des Soldatenstandes entsprechende Anwendung.

Auf Beamte der Gemeinden (Gemeindeverbände) finden die allgemeinen Vorschriften für Dienstreisen insoweit keine Anwendung, als die oberste Verwaltungsbehörde Bestimmungen über die Höhe der ihnen den Gerichten gegenüber zustehenden Tagegelder und Reisekosten erlassen hat.

Die oberste Verwaltungsbehörde kann die ihr durch Abs. 2 und Abs. 5 gegebene Befugnis zum Erlasse der bezeichneten Bestimmungen auf andere Behörden übertragen.

§ 15. Ist ein Sachverständiger für die Erstattung von Gutachten im allgemeinen beeidigt, so können die Gebühren für die bei bestimmten Gerichten vorkommenden Geschäfte durch Übereinkommen bestimmt werden.

§ 16. Die Gebühren der Zeugen und Sachverständigen werden nur auf Verlangen derselben gewährt. Der Anspruch erlischt, wenn das Verlangen binnen drei Monaten nach Beendigung der Zuziehung oder Abgabe des Gutachtens bei dem zuständigen Gerichte nicht angebracht wird.

§ 17. Die einem Zeugen oder Sachverständigen zu gewährenden Beträge werden durch gerichtlichen Beschluß festgesetzt, wenn der Zeuge oder Sachverständige oder die Staatskasse eine richterliche Festsetzung beantragt oder das Gericht sie für angemessen hält. Der Ansatz kann von Amts wegen berichtigt werden, wenn die Beträge aus der Staatskasse gezahlt und dieser nicht erstattet sind. Für die Festsetzung und die Berichtigung ist das Gericht oder der Richter zuständig, vor welchem die Verhandlung stattgefunden hat, und für die Berichtigung auch das Gericht der höheren Instanz.

Gegen die richterliche Entscheidung findet Beschwerde nach Maßgabe des § 567 Abs. 2, der §§ 568 bis 575 der ZPO. sowie des § 4 Abs. 3 des GKG., in Strafsachen nach Maßgabe der §§ 346 bis 352 StPO. statt.[1])

2. Bekanntmachung über das Kündigungsrecht der Hinterbliebenen von Kriegsteilnehmern.

Vom 7. Oktober 1915.
(RGBl. S. 642).

Der Bundesrat hat auf Grund des § 3 des Gesetzes über die Ermächtigung des Bundesrats zu wirtschaftlichen Maßnahmen usw. vom 4. August 1914 (RGBl. S. 327) folgende Verordnung erlassen:

§ 1. Auf eine Vereinbarung, durch die für den Fall, daß der Mieter stirbt, das Kündigungsrecht des Erben abweichend von den Vorschriften im § 569 BGB.[2]) geregelt ist, kann sich der Vermieter nicht berufen, wenn der Mieter infolge seiner Teilnahme am Kriege gestorben ist.

§ 2. Haben Eheleute gemeinschaftlich gemietet, und stirbt der Ehemann infolge seiner Teilnahme am Kriege, so ist die Ehefrau berechtigt, das Mietverhältnis unter Einhaltung der gesetzlichen Frist für den ersten zulässigen Termin zu kündigen. Auf eine abweichende Vereinbarung kann sich der Vermieter nicht berufen.

---

[1]) Über die Zulässigkeit der Beschwerde trotz § 7 Abs. I S. 3 MSchVO. s. Anm. 3 zu § 1 RKBek. oben S. 55.

[2]) § 569 lautet: Stirbt der Mieter, so ist sowohl der Erbe als der Vermieter berechtigt, das Mietverhältnis unter Einhaltung der gesetzlichen Frist zu kündigen. Die Kündigung kann nur für den ersten Termin erfolgen, für den sie zulässig ist.

§ 3. Gegen eine Kündigung, die auf Grund des § 1 oder des § 2 erfolgt, kann der Vermieter binnen einer Woche bei dem Amtsgericht, in dessen Bezirke sich die Mietsache befindet, Widerspruch erheben. Das Gericht hat Abschrift des Widerspruchs dem Gegner zur Erklärung mitzuteilen.

Das Gericht entscheidet darüber, ob trotz des Widerspruchs die Kündigung wirksam ist. Die Kündigung ist für unwirksam zu erklären, wenn nicht die Fortsetzung des Mietverhältnisses zu einem unverhältnismäßigen Nachteil für den Erben oder die Ehefrau führen würde. Bei dieser Entscheidung sind die beiderseits geltend gemachten Umstände in billiger Weise gegeneinander abzuwägen. Die tatsächlichen Behauptungen sind glaubhaft zu machen.

Die Entscheidung, die ohne mündliche Verhandlung ergehen kann, erfolgt durch Beschluß. Gegen den Beschluß findet sofortige Beschwerde statt.

Die Gerichts- und Anwaltsgebühren betragen zwei Zehnteile des Satzes des § 8 des Gerichtskostengesetzes und des § 9 der Gebührenordnung für Rechtsanwälte.

§ 4. Diese Verordnung tritt mit dem Tage der Verkündung in Kraft. Sie findet auch Anwendung, wenn der Tod des Mieters vor diesem Tage eingetreten war; die Kündigung kann für den ersten zulässigen Termin nach dem Inkrafttreten erfolgen.

Den Zeitpunkt des Außerkrafttretens der Verordnung bestimmt der Reichskanzler.

8. Verordnung zum Schutze der Kriegsteilnehmer gegen Zwangsvollstreckungen.

Vom 14. Dezember 1918.

(RGBl. S. 1427).

Der Rat der Volksbeauftragten verordnet mit Gesetzeskraft für das Reich was folgt:

§ 1. Die Zwangsvollstreckung gegen einen Schuldner, der Kriegsteilnehmer ist oder war, ist bis zum 1. Juli 1919 nur mit Bewilligung des Vollstreckungsgerichts zulässig. Die Bewilligung darf nur erteilt werden, wenn ihre Versagung nach den Umständen des Falles offenbar unbillig wäre. Vor der Bewilligung ist der Schuldner zu hören. Gegen die Entscheidung findet die sofortige Beschwerde statt.

§ 2. Kriegsteilnehmer im Sinne dieser Verordnung sind außer den im § 2 Abs. 1 des Gesetzes, betreffend den Schutz der infolge des Krieges an der Wahrnehmung ihrer Rechte behinderten Personen, vom 4. August 1914 (RGBl. S. 328) bezeichneten Personen auch die Personen, die vermöge ihres Dienstverhältnisses, Amtes oder Berufs zu den immobilen Teilen der Land- oder Seemacht gehören, sowie diejenigen Personen, die sich in Ausübung des vaterländischen Hilfsdienstes im Ausland aufhalten.

§ 3. Gerichtsgebühren werden nicht erhoben. Die Anwaltsgebühren betragen zwei Zehnteile des Satzes des § 9 der Gebührenordnung für Rechtsanwälte. Der Wert des Streitgegenstandes ist von dem Gerichte nach freiem Ermessen, höchstens jedoch auf den zwanzigsten Teil des Wertes des zur Vollstreckung stehenden Anspruchs festzusetzen.

§ 4. Diese Verordnung tritt mit dem Tage ihrer Verkündung in Kraft. Ist eine vor diesem Tage begonnene Zwangsvollstreckung noch nicht beendet, so kann das Vollstreckungsgericht auf Antrag des Schuldners die bereits erfolgten Vollstreckungsmaßregeln aufheben.

B. Landesrechtliche Vollzugsvorschriften.

I. Preußen.

1. Preuß. Ausführungsverordnung vom 17. Dezember 1914 zur Bundesratsbek., betr. Einigungsämter in der Fassung vom 29. März 1915.

Auf Grund des § 6 der Bundesratsbekanntmachung, betreffend Einigungsämter, vom 15. Dezember 1914 (RGBl. S. 511) verordnen wir zu deren Ausführung das folgende:

§ 1. Der Minister des Innern trifft die Anordnung nach § 1 der Bekanntmachung. Die Anordnung ist nicht auf kommunale Anstalten beschränkt. Unter den gemeinnützigen Anstalten, für welche die Anordnung erlassen werden kann, eignen sich die gemeinnützigen unparteiischen Rechtsauskunftsstellen, wie sie an vielen Orten bereits bestehen, besonders dazu, als Einigungsämter zu wirken oder zu Einigungsämtern ausgebaut zu werden. Der Antrag auf Erlaß der Anordnung ist von den Vorständen (Vorstehern) der Ortsgemeinden, in deren Bezirk Einigungsämter bestehen oder errichtet werden, zu stellen.

Der Antrag muß enthalten:

1. eine Darlegung über die Verfassung des Einigungsamts sowie über etwaige Verfahrensvorschriften,
2. die Bezeichnung des Vorsitzenden oder seines Vertreters (§ 2 dieser Verordnung),
3. die Mitteilung von den für die finanzielle Förderung der Einigungstätigkeit in Aussicht genommenen Maßnahmen.

§ 2. Den Vorsitz bei den Verhandlungen des Einigungsamts hat ein für das Richteramt oder den höheren Verwaltungsdienst befähigtes Mitglied zu führen, das vom Gemeindevorstand (Gemeindevorsteher) ernannt oder bestätigt wird.

Dieses Mitglied oder sein in gleicher Weise vorgebildeter und bestellter Vertreter bildet die Gemeindebehörde im Sinne der §§ 2 und 3 der Bekanntmachung.

§ 3. Die Pflicht zum Erscheinen (§ 2 der Bekanntmachung) ist in der Regel eine persönliche.

Aus Gesetzen oder Generalvollmachten sich ergebende Vertretungsbefugnisse sind anzuerkennen.

§ 4. Von der Verhängung einer Ordnungsstrafe (§ 2 Abs. 1 und 2 der Bekanntmachung) ist, wenn die Zuwiderhandlung durch die persönlichen oder wirtschaftlichen Verhältnisse der Verpflichteten entschuldigt wird, sowie in der Regel dann abzusehen, wenn sie erstmalig erfolgt.

Die Höhe der Ordnungsstrafe ist nach der wirtschaftlichen Lage des Betroffenen unter den Gesichtspunkten der Wirksamkeit und des Grades des Verschuldens abzumessen.

Vor der Verhängung der Ordnungsstrafe ist diese unter Bestimmung eines neuen Termins anzudrohen.

§ 5. Das Nichterscheinen der Beteiligten (§ 2 Abs. 1 der Bek.) ist in der Regel als entschuldigt anzusehen, wenn sie einen zur Auskunftserteilung schriftlich bevollmächtigten Vertreter entsenden, der mit ihren für die Vermittelung erheblichen Verhältnissen vertraut ist.

Auswärtige Vermieter können sich durch ihre Hausverwalter vertreten lassen.

Auswärtige Hypothekengläubiger können nur dann in eine Ordnungsstrafe genommen werden, wenn sie vor dem von der Gemeindebehörde (§ 2 dieser Verordnung) ersuchten Gemeindevorstande (Gemeindevorsteher) ihres Wohnorts oder Aufenthaltsorts unentschuldigt nicht erscheinen oder auch einen Vertreter (Abs. I) nicht entsenden.

Als auswärtig im Sinne des Absatzes 2 und Abs. 3 gelten nicht diejenigen Beteiligten, deren Wohn- und Aufenthaltsort in unmittelbarer Nähe des Sitzes des Einigungsamtes belegen ist. Der Minister des Innern bezeichnet die Orte, auf welche diese Voraussetzung zutrifft.

Schweben vor einem Einigungsamte mehrere Sachen, an denen ein und derselbe Vermieter oder ein und derselbe Hypothekengläubiger beteiligt ist, so sind diese Sachen möglichst derart miteinander zu vereinigen, daß nur ein einmaliges Erscheinen dieser Beteiligten erforderlich wird.

§ 6. Das Verfahren vor dem Einigungsamt ist nicht öffentlich. Die Mitglieder des Einigungsamts haben die Verhandlungen sowie die hierbei zu ihrer Kenntnis gelangenden Verhältnisse geheim zu halten. Der Vorsitzende hat sie darauf hinzuweisen.

§ 7. Das Einigungsamt hat, sobald die Mitteilung gemäß § 4 Abs. 2 der Bekanntmachung erfolgt ist, mit tunlichster Beschleunigung ein schriftliches Gutachten dem Gerichte zu übermitteln. Mit besonderer Eile sind die an das Vollstreckungsgericht gerichteten Anträge zu behandeln.

Sind zur Zeit der Mitteilung des Gerichts dem Einigungsamte die Verhältnisse bereits bekannt, so ist das Gutachten sofort abzusenden. Andernfalls hat das Einigungsamt das, was zur

Erstattung des Gutachtens erforderlich ist, zu veranlassen. Es kann insbesondere von Amts wegen die Beteiligten laden.

Das Gutachten ist von dem Vorsitzenden oder dessen Vertreter zu unterschreiben.

Auf Verlangen des Gerichts hat das Einigungsamt das Gutachten näher zu erläutern. Das Einigungsamt kann dies schriftlich oder durch eines seiner Mitglieder mündlich tun.

§ 8. Die Vorstände (Vorsteher) von Gemeinden, in deren Bezirk Einigungsämter bestehen, haben, soweit die in den §§ 2 und 3 der Bekanntmachung bezeichneten Befugnisse in Geltung gesetzt sind, dies und die Bezirke der Einigungsämter den beteiligten Gerichten mitzuteilen.

2. Erlaß des Staatskommissars für das Wohnungswesen vom 24. September 1918.

(Deutscher Reichsanzeiger 1918 Nr. 228.)

1. Das Kriegsmietrecht hat durch die neue Bekanntmachung zum Schutze der Mieter, die Bekanntmachung über Maßnahmen gegen Wohnungsmangel und die neue Anordnung für das Verfahren vor den Einigungsämtern sämtlich vom 23. d. M., eine wesentliche Vervollkommnung erfahren. Das Nähere ergibt sich aus der im Deutschen Reichs- und Preußischen Staatsanzeiger mitveröffentlichten Begründung.

2. Da die Bedeutung der Mieteinigungsämter durch die Neuregelung außerordentlich gestiegen ist, wird um so nachdrücklicher darauf hinzuwirken sein, daß überall, wo ein Mieteinigungsamt noch nicht besteht und wo nicht jedes Bedürfnis für ein solches fehlt, nunmehr unverzüglich die Einrichtung erfolgt. Ich gebe mich der Erwartung hin, daß dies in allen Fällen gelingen wird, ohne daß von der Zwangsbefugnis des § 10 MSchVO. Gebrauch gemacht werden muß.

3. Die Einigungsämter und die ihnen entsprechenden anderen Stellen, denen schon die Befugnisse aus der alten Mieterschutzverordnung übertragen waren, besitzen ohne weiteres die aus den §§ 2—4 der neuen Verordnung (Art. III der Bek., betreffend Änderung der Verordnung zum Schutze der Mieter, RGBl. 1918 S. 1139). Das ist von den betreffenden Gemeindebehörden unverzüglich bekanntzumachen, wobei zweckmäßig die §§ 2—4 wörtlich wiederzugeben sind.

4. Künftige Anträge auf Ermächtigung zu den in §§ 2—4 MSchVO. vorgesehenen Entscheidungen sind bei mir zu stellen. Den Anträgen sollen die Satzungen oder sonstigen besonderen Vorschriften für das Einigungsamt beigefügt werden. Nach den gemachten Erfahrungen werde ich übrigens eine Beschränkung der Tätigkeit der Einigungsämter auf nach Größe oder Mietzins bestimmte Wohnungsgruppen regelmäßig nicht zulassen, ebensowenig, daß nach der Bedeutung des Streitgegenstandes die Zahl der Beisitzer verschieden bemessen wird.

5. In den Anträgen soll ferner angegeben werden, wer zum Vorsitzenden und wer zum stellvertretenden Vorsitzenden des

Einigungsamts bestellt ist. Es kommt nicht nur darauf an, daß der Vorsitzende und sein Vertreter die vorgeschriebene Befähigung zum Richteramt oder höheren Verwaltungsdienst haben. Es ist daneben vor allem darauf zu sehen, daß möglichst unabhängige und unparteiische Persönlichkeiten gewählt werden. Deshalb verbietet es sich z. B., daß Leiter oder Rechtsbeistände von Hausbesitzer- und von Mieterorganisationen den Vorsitz führen. Eurer (Tit.) mache ich es zur Pflicht, die Geeignetheit der Vorsitzenden gewissenhaft zu prüfen und zu erörtern.

6. Die Anträge auf Ermächtigung einer Gemeindebehörde zu der in § 5 Ziff. 1 MSchVO. vorgesehenen Anordnung sowie der entsprechenden des zuständigen Einigungsamts nach Ziff. 2 sind gleichfalls bei mir zu stellen. Die Anordnung der Gemeindebehörde ist im Entwurf beizufügen. Die Voraussetzung, daß im Bezirk der Gemeindebehörde sich ein besonders starker Mangel an Wohnungen geltend macht, ist zu begründen.

7. Von der weitgehenden Ausnahmebestimmung des § 6 MSchVO. darf nur vorsichtig Gebrauch gemacht werden. Ihre Anwendung wird vornehmlich für diejenigen Bezirke zu erfolgen haben, für die bereits von den Militärbefehlshabern einschlägige Gebote auf Grund des § 9 b des Gesetzes über den Belagerungszustand im Interesse der öffentlichen Sicherheit erlassen worden sind. Damit die militärischen so schnell als möglich durch Anordnungen der Verwaltungsbehörden ersetzt werden können, übertrage ich hiermit auf Grund des § 12 MSchVO. die in § 6 der Landeszentralbehörde zugewiesene Befugnis den Herren Regierungspräsidenten, für Berlin dem Herrn Oberpräsidenten. Die danach auf Grund des § 6 erlassenen Anordnungen sind mir vorzulegen. Ich behalte mir vor, die Übertragung der Anordnungsbefugnis aus § 6 demnächst wieder zurückzunehmen und sie selbst auszuüben.

8. Die Anträge auf Verleihung der Befugnisse aus §§ 2—5 der Bekanntmachung über Maßnahmen gegen Wohnungsmangel an die Gemeindebehörden sind bei mir zu stellen.

9. Von besonderen Ausführungsvorschriften zu der Verordnung wird vorläufig abgesehen.

10. Im allgemeinen bemerke ich jedoch noch folgendes:

a) Bei Handhabung der neuen Bestimmungen werden Behörden und Einigungsämter stets bestrebt sein müssen, unter verständnisvoller Würdigung der Schwierigkeiten, die die gegenwärtige Lage sowohl den Mietern wie den Vermietern auferlegt, zu einem gerechten Ausgleich der beiderseitigen Interessen zu gelangen. Der Ausdruck „Verordnung zum Schutze der Mieter" darf nicht dahin gedeutet werden, als liege es im Sinne der gesetzlichen Bestimmungen, stets Entscheidungen zugunsten der Mieter herbeizuführen.

b) Die Einigungsämter entscheiden wie bisher nach billigem Ermessen. Die Unanfechtbarkeit ihrer Sprüche ist bestehen geblieben. Das billige Ermessen darf aber nicht zur Willkür werden, vielmehr ist in der Praxis der Einigungsämter tunlichst die Herausbildung fester Grundsätze anzustreben. Manche Einigungsämter haben deshalb schon jetzt unter Berücksichtigung der örtlichen Verhältnisse Richtlinien aufgestellt und bekanntgegeben, die zwar der Entscheidung des Einzelfalles nicht vorgreifen, aber Vermietern und Mietern wenigstens gewisse Anhaltspunkte für die zu gewärtigende Entscheidung geben. Ein solches Vorgehen kann ich nur billigen.

c) Besonders wichtig ist die Prüfung der Mietssteigerungen. Da in den Kreisen der Mieter vielfach unrichtige Anschauungen darüber herrschen, wird ausdrücklich festgestellt, daß der Mieter das bloße Verlangen des Vermieters nach höherem Mietzins, solange der Mietvertrag nicht gelöst ist, ohne weiteres zurückweisen kann. Will der Vermieter sein Verlangen nach höherem Mietzins durchsetzen, so muß er zur Kündigung schreiten. Da nun die Kündigungen der Nachprüfung und, falls Anordnungen nach § 6 MSchVO. ergangen sind, sogar der Vorprüfung des Mieteinigungsamtes unterliegen, so ist damit den Ämtern ein wesentlicher und ausreichender Einfluß auf die Gestaltung der Mieten eingeräumt.

d) Bei der Prüfung der Mietzinssteigerungen wird in erster Linie der objektive Wert der Wohnung zugrunde zu legen sein. Dabei wird meist von den Friedensmieten in der Weise ausgegangen werden können, daß dem Vermieter für die Steigerung der Hypothekenzinsen, die erhöhten Anwendungen für die Instandhaltung des Grundstücks usw. ein hinreichender Aufschlag zugebilligt wird. Die Rücksicht auf die persönlichen und wirtschaftlichen Verhältnisse der Parteien ist zwar nicht außer acht zu lassen. Sie darf aber nicht allein ausschlaggebend sein. Besonders wird darauf Rücksicht zu nehmen sein, daß nicht Familien wegen Kinderreichtums Wohnungsschwierigkeiten ausgesetzt werden. Anderseits kann es z. B. nicht als Aufgabe der Einigungsämter angesehen werden, die Befriedigung hoher Wohnungsansprüche zu erleichtern, die von Mietern vermöge ihrer Wohlhabenheit gestellt werden.

e) Nicht in allen Fällen geschieht den berechtigten Interessen des Vermieters durch eine Erhöhung der Mieten Genüge. Ist der Mieter nicht schutzwürdig, so wäre es unbillig, ihn dem Vermieter weiter zur Last fallen zu lassen, selbst wenn der Mieter anderweitig eine Wohnung nur schwer zu finden vermag. Die Zurückweisung der Anträge des Mieters ist namentlich da geboten, wo er durch ständige Verstöße gegen die Hausordnung, unsittlichen Lebenswandel und dergl. berechtigten Grund zur Kündigung gegeben hat.

f) Bei der Feststellung, ob der Antrag des Mieters „unverzüglich" gestellt ist, wird das Einigungsamt häufig auf die Geschäftsungewandtheit der in Frage kommenden Kreise gebührende Rücksicht nehmen müssen.

Freiherr v. Coels.

II. Bayern.

1. Bekanntmachung der Staatsministerien der Justiz und des Innern vom 31. Dezember 1914 zum Vollzuge der Bundesratsverordnung vom 15. Dez. 1914 über Einigungsämter.

(MABl. des Innern 1914, Kriegsbeil. S. 470).

Auf Grund der Bundesratsverordnung vom 15. Dezember 1914 § 6 (RGBl. S. 511) wird folgendes bestimmt:

Zur Bundesratsverordnung § 1.

1. Die Vermittlungsämter, die nach der rechtsrheinischen Gemeindeordnung Art. 100, 144 in allen Gemeinden rechts des Rheins bestehen, sind gemeindliche Einigungsämter im Sinne der Bundesratsverordnung § 1.

Für sie gelten die §§ 2 und 3 der Bundesratsverordnung.

2. Den sämtlichen Gemeinden des Landes steht es zu, andere gemeindliche oder gemeinnützige nicht gemeindliche Anstalten mit der Vermittlung zwischen Mietern und Vermietern oder zwischen Hypothekenschuldnern und -gläubigern zu betrauen.

Für solche Einigungsämter kann das Staatsministerium des Innern anordnen, daß die §§ 2 und 3 der Bundesratsverordnung gelten sollen.

Den Antrag auf diese Anordnung stellt die Gemeindeverwaltung, in Gemeinden, die einem Bezirksamt unterstehen, durch dessen Vermittlung. Der Antrag soll eine Darlegung enthalten:

a) über die Gestaltung des Einigungsamts oder der Einigungsämter und über etwaige Vorschriften für das Verfahren,

b) über die Maßnahmen, die mit gemeindlichen oder anderen Mitteln zur Förderung der Einigungstätigkeit getroffen werden sollen.

3. Das Verfahren vor dem Einigungsamt ist nicht öffentlich. Die Mitglieder des Einigungsamts haben über die Verhandlungen sowie über Umstände, die dabei zu ihrer Kenntnis kommen, Verschwiegenheit zu beobachten. Der Bürgermeister oder der Vorsitzende hat sie auf diese Pflicht bei Beginn ihrer Tätigkeit hinzuweisen.

Zu § 2.

4. Die Gemeindebehörde, der die Ordnungsstrafbefugnis zusteht, ist der Bürgermeister, bei dessen Verhinderung sein gesetzlicher Stellvertreter.

5. Die Pflicht zum Erscheinen vor dem Einigungsamte trifft in der Regel die beteiligte Person selbst.

Vertretungsbefugnisse, die sich aus Gesetzen oder allgemeinen Vollmachten ergeben, sind anzuerkennen. Das gleiche gilt regelmäßig für Vertretungsbefugnisse, die auf Einzelvollmachten beruhen.

Auswärtige Vermieter können sich ohne ausdrückliche Vollmacht durch ihre Hausverwalter vertreten lassen.

Auswärtige Hypothekengläubiger sind nicht verpflichtet, vor einem anderen Einigungsamt als dem ihres Wohnsitzes, Aufenthalts oder Sitzes zu erscheinen. Das Einigungsamt kann jedoch den Bürgermeister oder das Einigungsamt des auswärtigen Wohnsitzes, Aufenthalts oder Sitzes um Einvernahme des Hypothekengläubigers ersuchen. Dieser ist alsdann verpflichtet, dort zu erscheinen oder sich vertreten zu lassen.

6. Die Festsetzung einer Ordnungsstrafe erfordert, daß die Ordnungsstrafe vorher angedroht worden ist.

Die Bestrafung hat zu unterbleiben, wenn die Zuwiderhandlung durch persönliche oder wirtschaftliche Verhältnisse des Pflichtigen entschuldigt wird.

Die Strafe ist nach der wirtschaftlichen Lage des Betroffenen sowie nach dem Grade und den Folgen des Verschuldens abzumessen.

Der Strafbescheid ist schriftlich gegen Nachweis zuzustellen.

Zu § 3.

7. Die Gemeindebehörde, der die Befugnis zur Entgegennahme eidesstattlicher Versicherungen zusteht, ist der Bürgermeister, bei dessen Verhinderung sein gesetzlicher Stellvertreter.

Zu § 4.

8. Besteht in einer Gemeinde neben dem Vermittlungsamte des Bürgermeisters (oben Ziff. 1) ein anderes gemeindliches oder nicht gemeindliches Einigungsamt, für das die §§ 2 und 3 der Bundesratsverordnung gelten (oben Ziff. 2), so hat das Gericht dieses Amt zu hören.

Bestehen in einer Gemeinde mehrere solche Einigungsämter, so entscheidet für die örtliche Zuständigkeit die Lage der Mietwohnung oder des Pfandgrundstückes.

9. Die Gutachten des Einigungsamts sind schriftlich zu erstatten.

Besondere Eile ist bei den Streitsachen geboten, die beim Vollstreckungsgericht anhängig sind.

Kennt das Einigungsamt die Verhältnisse bereits, so hat es das Gutachten alsbald zu erstatten. Andernfalls hat es zu veranlassen, was zur Erstattung des Gutachtens erforderlich ist; dabei kann es die Beteiligten von Amts wegen laden.

2. Bekanntmachung des Staatsministeriums der Justiz und des Innern vom 20. August 1917 zum Vollzuge der MSchVO. vom 26. Juli 1917.

(Bayer. Staatsanzeiger 1917 Nr. 193).

Auf Grund der Bundesratsverordnung vom 26. Juli 1917 zum Schutze der Mieter (RGBl. S. 659) wird folgendes bestimmt:

1. Zuständige Landeszentralbehörde im Sinne des § 1 der Bundesratsverordnung ist das K. Staatsministerium des Innern.

2. Diejenigen bayerischen Einigungsämter, für die gemäß Ziff. 2 der MinBek. vom 31. Dezember 1914 (MABl. KrBeil.

S. 470) auf Antrag der Gemeindeverwaltung nach Anordnung des K. Staatsministeriums des Innern die §§ 2 und 3 der Bundesratsverordnung über Einigungsämter vom 15. Dezember 1914 (RGBl. S. 511) gelten, werden hiemit zur Ausübung der Befugnisse des § 1 (jetzt § 2) Ziff. 1 und 2 der Bundesratsverordnung vom 26. Juli 1917 ermächtigt, soweit sie den Bestimmungen dieser Verordnung, insbesondere über die Besetzung des Einigungsamtes (§ 4 [jetzt § 8] Satz 1 und 2) und der unterm 26. Juli 1917 ergangenen „Anordnung für das Verfahren vor den Einigungsämtern" (RGBl. S. 661) entsprechen.

3. Auf Grund des § 6 (jetzt § 10) der BundesratsVO. haben die bayerischen Stadtgemeinden mit mehr als 10000 Einwohnern, soweit nicht bereits geschehen, unverzüglich Einrichtungen im Sinne des § 4 (jetzt § 8) der BundesratsVO. zu treffen und den Antrag auf Übertragung der Befugnisse nach § 1 (jetzt § 2) Ziff. 1 und 2 auf das Einigungsamt beim K. Staatsministerium des Innern zu stellen.

Angesichts der außerordentlichen Bedeutung, welche nunmehr den Einigungsämtern zur Behebung der Schwierigkeiten auf dem Gebiete des Mietwohnungswesens zukommt, haben die Regierungen, Kammern des Innern, mit Nachdruck darauf hinzuwirken, daß auch in kleineren Gemeinden, in denen sich im Kriege Schwierigkeiten in der Unterbringung der minderbemittelten Bevölkerung ergeben haben, solche Einigungsämter errichtet werden. Veranlaßtenfalls ist hierüber dem Staatsministerium des Innern zu berichten.

8. Bekanntmachung der K. Staatsministerien der Justiz und des Innern vom 28. September 1918 zum Vollzug der Bundesratsverordnung zum Schutze der Mieter in der Fassung der Bekanntmachung vom 23. September 1918.

(Bayer. Staatsanzeiger 1918 Nr. 228).

Zur Bundesratsverordnung zum Schutze der Mieter in der Fassung der Bekanntmachung vom 23. September 1918 (RGBl. S. 1140) wird folgendes bestimmt:

1. Landeszentralbehörde im Sinne der Bundesratsverordnung ist das K. Staatsministerium des Innern.
2. Gemeindebehörde im Sinne der Bundesratsverordnung ist in Gemeinden mit städtischer Verfassung der Magistrat, in allen übrigen Gemeinden der Bürgermeister.

   Die Gemeindebehörde kann die ihr nach § 5 Ziff. 2 der Bundesratsverordnung zustehende Befugnis einer anderen gemeindlichen Stelle übertragen und bestimmen, daß die Anzeige nach § 5 Ziff. 1 der Verordnung an diese Stelle zu erstatten und daß hierfür ein bestimmtes Formblatt zu verwenden ist.

3. Die Gemeindebehörden haben die Anordnungen nach § 5 Ziff. 1 der Verordnung in ortsüblicher Weise öffentlich bekanntzumachen und sie in beglaubigter Fertigung samt dem Nachweis ordnungsmäßiger Bekanntmachung den Aufsichtsbehörden vorzulegen und den zur Aburteilung der Zuwiderhandlungen berufenen Gerichten, dem zuständigen K. I. Staatsanwalt und K. Amtsanwalte mitzuteilen.

4. Bekanntmachung des K. Staatsministeriums des Innern vom 28. September 1918.

Betreff: **Mieterschutz.**

(Bayer. Staatsanzeiger 1918 Nr. 228).

Auf Grund des § 5 der Bundesratsverordnung über den Schutz der Mieter in der Fassung der Bekanntmachung vom 23. September 1918 (RGBl. S. 1140) wird hiermit

1. die Ermächtigung nach Ziff. 1 des § 5 der bezeichneten Verordnung den Gemeindebehörden derjenigen Gemeinden erteilt, in deren Bezirk ein mit den Befugnissen aus § 1 der Mieterschutzverordnung vom 26. Juli 1917 ausgestattetes Einigungsamt besteht.
2. Die Ermächtigung nach Ziff. 2 des § 5 der bezeichneten Bundesratsverordnung allen Einigungsämtern erteilt, denen die Befugnisse aus § 1 der Mieterschutzverordnung vom 26. Juli 1917 übertragen sind.

Die betreffenden Gemeindebehörden haben diese Ermächtigungserteilung in ortsüblicher Weise öffentlich bekanntzugeben.

5. Bekanntmachung des K. Staatsministeriums des Innern vom 28. September 1918.

Betreff: **Vollzug der Bundesratsverordnung über Maßnahmen gegen Wohnungsmangel.**

(Bayer. Staatsanzeiger 1918 Nr. 228).

Auf Grund des § 8 der Bundesratsverordnung vom 23. Sept. 1918 über Maßnahmen gegen Wohnungsmangel (RGBl. S. 1143) werden vorerst folgende Ausführungsbestimmungen zu dieser Verordnung erlassen:

1. Gemeindebehörde im Sinne der Bundesratsverordnung ist in Gemeinden mit städtischer Verfassung der Magistrat, in allen übrigen Gemeinden der Bürgermeister.
2. Die Gemeindebehörden haben die Verbote und Anordnungen nach §§ 2 und 3 der Bundesratsverordnung in ortsüblicher Weise öffentlich bekanntzumachen und sie in beglaubigter Fertigung samt dem Nachweis ordnungsmäßiger Bekannt-

machung den Aufsichtsbehörden vorzulegen, sowie den zur Aburteilung der Zuwiderhandlungen berufenen Gerichten, dem zuständigen K. I. Staatsanwalt und K. Amtsanwalt und, soweit es sich um Verbote nach § 2 der Bundesratsverordnung handelt, dem Mieteinigungsamte mitzuteilen.

3. Die Gemeindebehörden können für die Anzeige nach § 3 der Bundesratsverordnung die Verwendung eines bestimmten Formblattes vorschreiben und bestimmen, daß die Anzeige statt an die Gemeindebehörde an eine andere gemeindliche Stelle zu erstatten ist.

6. Bekanntmachung des K. Staatsministeriums des Innern vom 28. September 1918.

Betreff: **Maßnahmen gegen Wohnungsmangel.**

(Bayer. Staatsanzeiger 1918 Nr. 228).

Auf Grund des § 1 der Bundesratsverordnung vom 23. Sept. 1918 über **Maßnahmen** gegen Wohnungsmangel (RGBl. S. 1143) werden hiermit die Gemeindebehörden derjenigen Gemeinde, in denen ein mit den Befugnissen nach § 1 der Mieterschutzverordnung vom 26. Juli 1917 ausgestattetes Einigungsamt besteht, zu den in den §§ 2—5 der Bundesratsverordnung über Maßnahmen gegen Wohnungsmangel bezeichneten Anordnungen ermächtigt.

Die betreffenden Gemeindebehörden haben diese Ermächtigungserteilung in ortsüblicher Weise öffentlich bekanntzugeben.

7. Bekanntmachung des K. Staatsministeriums des Innern vom 15. Oktober 1918.

Betreff: **Mieterschutz.**

(Bayer. Staatsanzeiger 1918 Nr. 241).

Auf Grund des § 6 der Bekanntmachung zum Schutze der Mieter vom 23. Sept. 1918 (RGBl. S. 1140) wird hiermit für alle Gemeindebezirke, in denen ein Mieteinigungsamt errichtet ist, *mit sofortiger Wirksamkeit* angeordnet,

1. .... folgt 1. und 2. wie in § 6 Abs. I MSchVO. (oben S. 32).

Die beteiligten Gemeindebehörden haben diese Anordnung sofort in ortsüblicher Weise öffentlich bekanntzumachen.

Weiterhin haben die Gemeindebehörden im Benehmen mit dem Vorsitzenden des Mieteinigungsamtes zu bestimmen und öffentlich bekanntzugeben, bis zu welchem Zeitpunkt vor dem gesetzlichen Kündigungstermin die Vermieter das Mieteinigungsamt jeweils angerufen haben müssen, damit sie auf rechtzeitige Erledigung ihrer Anträge mit Bestimmtheit rechnen können.

8. Bekanntmachung des K. Staatsministeriums des Innern vom 19. Oktober 1918.

Betreff: **Vollzug der §§ 4 und 5 der Bundesratsverordnung über Maßnahmen gegen Wohnungsmangel.**

(Bayer. Staatsanzeiger 1918 Nr. 245).

Auf Grund des § 8 der Bundesratsverordnung über Maßnahmen gegen Wohnungsmangel wird zum Vollzug der §§ 4 und 5 dieser Verordnung folgendes bestimmt:

1. Wenn eine Gemeindebehörde Wohnungen und Räume der in § 3 der Verordnung bezeichneten Art, die als unbenutzt gelten, aber zur Aufbewahrung von Sachen dienen, in Anspruch nehmen will, so hat sie dem Verfügungsberechtigten, falls eine gütliche Vereinbarung mit ihm nicht zustande kommt, eine angemessene Frist zur anderweitigen Unterbringung der Sachen zu bestimmen. Läßt der Verfügungsberechtigte die Sachen innerhalb der festgesetzten Frist nicht aus den in Anspruch genommenen Räumen wegschaffen, so hat die Gemeindebehörde selbst für angemessene anderweitige Unterbringung der Sachen, die diese gegen Gefährdung tunlichst sichert, auf Kosten und Gefahr des Verfügungsberechtigten, zu sorgen. Hierdurch dürfen dem Verfügungsberechtigten keine wesentlich höheren Kosten entstehen als er bisher für die Verwahrung der Sachen aufwenden mußte. Soweit hiernach die Kosten für Versicherung der Sachen gegen Feuersgefahr und Diebstahl dem Verfügungsberechtigten nicht überbürdet werden können, sind sie von der Gemeinde zu tragen.

2. Das gleiche gilt, wenn Wohnungen und Räume der in § 3 bezeichneten Art in Anspruch genommen werden sollen, die als unbenutzt gelten, weil der Verfügungsberechtigte seinen Wohnsitz dauernd oder zeitweilig in das feindliche Ausland verlegt hat. In diesem Falle kann die Aufforderung zur Räumung unterbleiben, wenn ein im Inlande wohnhafter Vertreter des Verfügungsberechtigten der Gemeindebehörde nicht bekannt ist.

9. Verordnung der Regierung des Volksstaates Bayern vom 22. November 1918

betreffend **Maßnahmen gegen Wohnungsmangel und Obdachlosigkeit.***)

(Bayer. Staatsanzeiger 1918 Nr. 275).

Die Regierung des Volksstaates Bayern verordnet was folgt:

I.

A. Die Gemeindebehörden, in deren Bezirk ein Mieteinigungsamt errichtet ist, werden zur Behebung der Wohnungsnot in der Demobilmachungszeit zu nachstehenden Anordnungen ermächtigt:

*) S. hiezu die Ergänzungsbek. vom 29. April 1919 Anh. S. 116.

„**1.** Auf Aufforderung der Gemeindebehörde — oder der von ihr bezeichneten gemeindlichen Stelle (Wohnungsamt) — müssen binnen der von ihr zu bestimmenden Frist vom Verfügungsberechtigten (Mieter) geräumt werden:

a) Räume, die baupolizeilich als Wohnräume genehmigt sind, zurzeit aber zu anderen Zwecken, insbesondere als Fabrik-, Lager-, Werkstätten-, Dienst- oder Geschäftsräume verwendet werden,

b) Räume, die zwar zu Wohnzwecken vermietet sind, tatsächlich aber nicht bewohnt werden,

c) Wohnräume, deren Inhaber noch über eine andere Wohnung, wenn auch in einer anderen Gemeinde, verfügen.

Die Räumung der zurzeit nicht bewohnten Wohnräume (lit. b) kann nicht verlangt werden, solange der Wohnungsinhaber Heeresdienst leistet und dadurch an der Benutzung der Wohnung verhindert ist.

Die Räumung bewohnter Wohnräume (lit. c) kann nur verlangt werden, wenn der Wohnungsinhaber zur Ausübung seines Hauptberufes nicht unbedingt auf seine derzeitige Wohnung angewiesen ist, sondern ihn ohne besondere Nachteile auch in der anderen ihm zur Verfügung stehenden Wohnung ausüben kann.

Von der Aufforderung zur Räumung ist dem Vermieter gleichzeitig Kenntnis zu geben. Mieter und Vermieter können unverzüglich, nachdem ihnen die Aufforderung zur Räumung zugegangen ist, das Mieteinigungsamt anrufen. Dieses kann die Aufforderung für unwirksam erklären oder eine andere Frist bestimmen oder besondere Bedingungen hierfür festsetzen; insbesondere kann hierbei bestimmt werden, daß dem Verfügungsberechtigten die zur Verwahrung des Hausrates erforderlichen Räume zu belassen sind.

Mit Ablauf der von der Gemeindebehörde oder vom Mieteinigungsamt festgesetzten Frist wird ein bestehender Mietvertrag unwirksam und die Gemeindebehörde wird berechtigt, die in Anspruch genommenen Räume auf Kosten und Gefahr des Verfügungsberechtigten räumen zu lassen; die Räume gelten als unbenützt im Sinne des § 4 der Bundesratsbekanntmachung über Maßnahmen gegen Wohnungsmangel. Für die weitere Verwendung der Räume finden die Vorschriften dieses Paragraphen Anwendung.

Ist der Aufenthalt eines Wohnungsinhabers unbekannt und nicht zu ermitteln, so ist die Gemeindebehörde ohne weiteres befugt, die Räumung der in Anspruch genommenen Räume auf Kosten und Gefahr des Wohnungsinhabers vornehmen zu lassen.

2. Auf Anfordern der Gemeindebehörde müssen unbenützte Fabrik-, Lager-, Werkstätten-, Dienst-, Geschäftsräume oder sonstige Räume zur Verwendung oder zur Herrichtung für Dienst-, Geschäfts- oder gewerbliche Zwecke gegen Vergütung überlassen werden.

Die Vorschriften des § 5 der Bekanntmachung über Maßnahmen gegen Wohnungsmangel finden hierbei entsprechende Anwendung.

3.*) Die Inhaber (Eigentümer, Mieter) von — im Verhältnis zur Kopfzahl und Zusammensetzung des Haushalts — unnötig großen Wohnungen sind auf Aufforderung der Gemeindebehörde — oder der von ihr bezeichneten gemeindlichen Stelle (Wohnungsamt) — verpflichtet, die entbehrlichen Räume den ihnen von der Gemeindebehörde zugewiesenen Wohnungssuchenden (Einzelpersonen und Familien) gegen angemessene Vergütung — und zwar in der Regel ohne Mobiliar und Kochgelegenheit, in besonderen Notfällen auch mit Mobiliar und Kochgelegenheit — mietweise zu überlassen. Die Mitbenützung der Abortanlage ist zu gestatten.

Bei der Inanspruchnahme der entbehrlichen Wohnräume und bei der Zuweisung von Wohnungssuchenden ist auf die berechtigten Interessen der Wohnungsinhaber tunlichst Rücksicht zu nehmen. Wohnungen mit nicht mehr als drei Wohnräumen nebst Küche sind außer Betracht zu lassen, wenn der Haushalt mindestens zwei Köpfe zählt; Wohnungen mit nicht mehr als sechs Wohnräumen sind außer Betracht zu lassen, wenn der Haushalt mindestens vier Köpfe zählt.

Bei Mietwohnungen ist von der Aufforderung zur Überlassung von Räumen dem Vermieter gleichzeitig Kenntnis zu geben.

Die Wohnungsinhaber und Vermieter können unverzüglich, nachdem ihnen die Aufforderung zur Überlassung von Räumen zugegangen ist, das Mieteinigungsamt anrufen. Dieses kann die Aufforderung für unwirksam erklären oder besondere Bedingungen für die Überlassung der Räume festsetzen; insbesondere kann es bestimmen, daß die Gemeinde an Stelle des Wohnungssuchenden als Mieter gilt und berechtigt ist, die Mieträume dem Wohnungssuchenden weiter zu vermieten.

Das Mieteinigungsamt*) entscheidet erforderlichenfalls auch über die Höhe der Vergütung und die Zahlungsbedingungen sowie über alle durch die Besonderheit des Falles erforderlichen Punkte. Das Mieteinigungsamt ist auch zuständig für alle Streitigkeiten, die sich aus dem Mietverhältnis ergeben.

Wohnungsinhaber, die den ihnen hiernach zukommenden Verpflichtungen nicht nachkommen, können hierzu unter Anwendung administrativer Zwangsmittel angehalten werden.

4. Hausbesitzer oder deren Vertreter sind verpflichtet, leerstehende oder durch Einwirken der Gemeindebehörde freigemachte Wohnungen erforderlichenfalls bewohnbar herzurichten. Im Falle unbegründeter Weigerung ist die Gemeindebehörde berechtigt, die erforderlichen Herrichtungsarbeiten auf Kosten des Hausbesitzers vornehmen zu lassen.

Auf Anrufen des Hausbesitzers entscheidet über die Verpflichtung zur Herrichtung bezw. Kostenzahlung das Mieteinigungsamt.

5. Die Hausbesitzer und Wohnungsinhaber sind verpflichtet, die zur Durchführung dieser Anordnungen erforderlichen Mel-

---

*) Zu Ziff. 3 s. jetzt die VO. vom 29. April 1919 § 2 (Anh. S. 120 und die dortige Anm.).

dungen nach Vorschrift der Gemeindebehörde zu erstatten. Zuwiderhandlungen gegen die Meldevorschriften werden bestraft mit Geldstrafe bis zu 1000 M."

B. Macht sich in einer Gemeinde, in der kein Mieteinigungsamt errichtet ist, ein besonders starker Mangel an Wohnungen geltend, so kann die Gemeinde-Aufsichtsbehörde der betreffenden Gemeindebehörde die Ermächtigung zu den unter I A bezeichneten Anordnungen — und zwar zu allen oder zu einzelnen — erteilen.

An Stelle des Mieteinigungsamtes hat das zuständige Amtsgericht als Einigungsamt zu entscheiden.

II.

Enthält Vorschriften über Bereitstellung von Massenquartieren, die hier weniger interessieren.

10. Bekanntmachung des Staatskommissars für Demobilmachung vom 6. Dezember 1918.

Betreff: **Maßnahmen gegen Wohnungsmangel in der Demobilmachungszeit.***)

(Bayer. Staatsanzeiger 1918 Nr. 286).

Vielfach herrscht auch in Gemeinden, in denen ein Mieteinigungsamt nicht errichtet ist, starker Wohnungsmangel, besonders jetzt in der Demobilmachungszeit. Den betreffenden Gemeinden fehlt es an ausreichender Handhabe zur Bekämpfung der Wohnungsnot, da die Bundesratsverordnung über Maßnahmen gegen Wohnungsmangel nur in Gemeinden gilt, in deren Bezirk ein Mieteinigungsamt errichtet ist. Um hier Abhilfe zu ermöglichen, erlasse ich hiermit im Benehmen mit den Ministerien der Justiz und für soziale Fürsorge für die Gemeinden, in deren Bezirk ein Mieteinigungsamt nicht errichtet ist, folgende Anordnung:

§ 1. Es ist verboten, ohne vorhergehende Zustimmung der Ortspolizeibehörde

a) Gebäude oder Teile von Gebäuden abzubrechen,

b) Räume, die bisher zu Wohnzwecken bestimmt oder benutzt waren, zu anderen Zwecken, insbesondere als Fabrik-, Lager-, Werkstätten-, Dienst- oder Geschäftsräume zu verwenden.

Im Falle der Versagung der Zustimmung kann die Aufsichtsbehörde angerufen werden, die endgültig entscheidet.

§ 2. Die Inhaber (Eigentümer, Mieter) unbenützter Wohnungen oder anderer unbenutzter Räume, die zu Wohnzwecken geeignet sind, sind auf Aufforderung der Ortspolizeibehörde verpflichtet, die Räume den ihnen von der Ortspolizeibehörde zugewiesenen Wohnungssuchenden (Einzelpersonen oder Familien) mietweise zu überlassen.

---

*) S. hiezu die Ergänzungsbek. vom 18. März 1919 Anh. S. 116.

Kommt zwischen dem Inhaber der Räume und dem Wohnungssuchenden kein Mietvertrag zustande, so setzt auf Anrufen der Ortspolizeibehörde das Amtsgericht als Einigungsamt einen Mietvertrag fest. Das Einigungsamt kann dabei anordnen, daß die Gemeinde an Stelle des Wohnungssuchenden als Mieter gilt und berechtigt ist, die Mieträume dem Wohnungsuchenden weiterzuvermieten.

§ 3. Entspricht § 5 WVO. (s. Anm. 3 zu § 1 WVO., oben S. 79 u. 86).

§ 4. Entspricht § 5 MSchVO. (s. Anm. 2 das., oben S. 31).

§ 5. Entspricht § 3 II WVO. (s. oben S. 82).

§ 6. Das Verfahren vor den Amtsgerichten richtet sich nach § 15 der Reichskanzlerbekanntmachung vom 23. September 1918, Anordnung für das Verfahren vor den Einigungsämtern betreffend (RGBl. S. 1146).

§ 7. Zuwiderhandlungen gegen die Vorschriften der §§ 1 bis 3 und gegen die auf Grund des § 4 erlassenen Anordnungen werden mit Geldstrafe bis zu 1000 ℳ bestraft.[1])

§ 8. Diese Anordnung tritt mit der Verkündung im „Bayer. Staatsanzeiger" in Kraft; sie ist von den Ortspolizeibehörden, in deren Bezirk sie Gültigkeit hat, in ortsüblicher Weise bekanntzugeben.

Wird für eine Gemeinde, in der die Anordnung gilt, nachträglich ein Mieteinigungsamt errichtet, so verliert die Anordnung für diese Gemeinde mit dem Tage ihre Gültigkeit, an dem die Erteilung der Ermächtigung an das Mieteinigungsamt öffentlich bekannt gemacht wird.

11. Bekanntmachung des Ministeriums für soziale Fürsorge vom 18. März 1919.

Betreff: **Maßnahmen gegen Wohnungsmangel.**

(Bayer. Staatsanzeiger 1919 Nr. 74).

Um den Vollzug der einschlägigen Vorschriften — Bundesratsbekanntmachung über Maßnahmen gegen Wohnungsmangel vom 23. September 1918 (RGBl. S. 543), Verordnung über Maßnahmen gegen Wohnungsmangel und Obdachlosigkeit vom 22. November 1918 (oben S. 112ff.), Vollzugsbek. hiezu vom 25. November 1918 (Bayer. Staatsanz. Nr. 276), Anordnung des Staatskommissars für Demobilmachung über Maßnahmen gegen Wohnungsmangel in der Demobilmachungszeit vom 6. Dezember 1918 (oben S. 115ff.) — möglichst einfach zu gestalten und

---

[1]) Über die Erhöhung der Strafe auf 10000 Mark oder Gefängnis bis zu einem Jahre s. die Bek. des Dem.-Komm. vom 18. Dezember 1918 (Bayer. Staatsanz. Nr. 295).

manche Schwierigkeiten aus dem Wege zu räumen, wird folgendes bestimmt:

1. Die Gemeindebehörden können die Wohnräume, die sie auf Grund der vorbezeichneten Vorschrift in Anspruch nehmen wollen, auch schon vor einer etwa erforderlichen Entscheidung des Mieteinigungsamtes oder des Amtsgerichtes als Einigungsamt tatsächlich in Anspruch nehmen und einem bestimmten Wohnungssuchenden zuweisen.[1]) Die Gemeindebehörde oder die hiezu ermächtigten gemeindlichen Stellen haben hierbei den Mietzins zu bestimmen und hiervon dem Mieteinigungsamt Mitteilung zu machen, falls dieses mit der Sache befaßt wird.

Alle Räume, die auf Grund der oben bezeichneten Vorschriften von den Gemeindebehörden in Anspruch genommen werden, gelten von dem Zeitpunkt an als mit Beschlag belegt, in dem dem Wohnungsinhaber die gemeindliche Anordnung zugegangen oder eröffnet worden ist. Die Wohnungsinhaber haben sich von diesem Zeitpunkt an aller Verfügungen über die in Anspruch genommenen Räume zugunsten Dritter ohne Genehmigung der Gemeindebehörde zu enthalten.

2. Die Gemeindebehörden können auf Grund der oben bezeichneten Vorschriften unbenutzte Wohnungen auch geteilt für mehrere Wohnungssuchende in Anspruch nehmen. Die Hausbesitzer sind verpflichtet, die baulichen Arbeiten geringeren Umfanges, die zu einer Wohnungsteilung erforderlich sind, auf eigene Kosten ausführen zu lassen. Im Weigerungsfalle können die Gemeindebehörden die Arbeiten selbst ausführen lassen und den Mietzins zur Deckung dieser Kosten in Anspruch nehmen.[2])

3. Die Gemeindeaufsichtsbehörden haben die den Gemeindebehörden zukommenden Befugnisse erforderlichenfalls an Stelle der Gemeindebehörden auszuüben. Die hierbei erwachsenden Kosten fallen den Gemeinden zur Last.

12. Bekanntmachung des Ministeriums für soziale Fürsorge vom 23. April 1919.

Betreff: **Besetzung der gemeindlichen Mieteinigungsämter.**

(Freistaat 1919 Nr. 17).

Auf Grund des § 8 der MSchVO. vom 23. September 1918 (oben S. 41) wird bestimmt:

Die Beisitzer der gemeindlichen Mieteinigungsämter müssen so ausgewählt sein, daß in jeder Sitzung mindestens ein Beisitzer mitwirkt, der Mitglied des örtlichen Arbeiter- und Bauernrates oder von diesem als Beisitzer vorgeschlagen ist. Soweit notwendig, ist eine Neuwahl der Beisitzer vorzunehmen.

---

[1]) S. hiezu Anm. 3 zu § 4 WVO. oben S. 84.
[2]) S. hiezu Anm. 6c zu § 4 WVO. oben S. 86.

13. Verordnung der Regierung des Freistaates Bayern vom 29. April 1919.

Betreff: **Bekämpfung ungebührlicher Mietzinssteigerungen.**

(Freistaat 1919 Nr. 20).

§ 1. Mietzinssteigerungen[1]) sind nur mit behördlicher Zustimmung[2]) zulässig und erlangen erst mit Erteilung dieser Zustimmung Rechtsgültigkeit.

Dies gilt auch, wenn bei Abschluß eines neuen Mietvertrages ein höherer Mietzins vereinbart werden soll, als ihn der bisherige Mieter zu entrichten hatte.[3])

§ 2. Alle derzeit gültigen Mietzinsvereinbarungen können auf Antrag des Mieters und auch von Amts wegen behördlich nachgeprüft und die Mietzinse erforderlichenfalls auf die angemessene Höhe herabgesetzt werden.[4])

§ 3. Zuständig[5]) zur Ausübung dieser Befugnisse sind die gemeindlichen Mieteinigungsämter und in Gemeinden ohne Mieteinigungsamt besondere Ausschüsse, die von den Gemeinden zu bestellen sind. Die Ausschüsse bestehen aus einem Vorsitzenden und

---

[1]) Hiedurch wird über § 6 MSchVO. (oben S. 32) in Verbindung mit der Bek. vom 15. Oktober 1918 oben S. 111 hinausgegangen, durch welche zwar die Kündigung wegen einer vom Mieter abgelehnten Mietzinserhöhung, nicht aber die Mietzinserhöhung als solche an behördliche Zustimmung geknüpft war.

[2]) Hinsichtlich der Zuständigkeit s. § 3. Im Gegensatz zu § 6 MSchVO. oben S. 32 ff. wird hier nicht die vorherige Zustimmung erfordert, es genügt auch die nachträgliche Genehmigung, die auf den Zeitpunkt der Mietzinserhöhung zurückwirkt (§ 184 BGB.).

[3]) Abs. 2 ergänzt § 5 MSchVO. (oben S. 30) insoferne, als hier die Rechtswirksamkeit der Mietzinsvereinbarung von der Zustimmung der Behörde abhängig gemacht ist. Überschreitet der Mietzins den mit dem letzten Mieter vereinbarten, so ist die Vereinbarung nur bezüglich dieser Überschreitung unwirksam, im übrigen aber gültig (§ 134 BGB., RGZ. Bd. 88 S. 250 ff., OLG. Hamburg in LZ. 18 S. 52, Matthiesen in LZ. 17 S. 1289 in entsprechender Anwendung); sind außerdem die Voraussetzungen des § 138 BGB. (Verstoß gegen die guten Sitten z. B. durch besondere Ausbeutung der Notlage) gegeben, so ist der ganze Vertrag nichtig.

Über die „Mietverhältnisse", auf welche sich die Bestimmung bezieht s. Anm. 5 zu § 2 MSchVO. S. 20 ff. Handelt es sich speziell um Wohnungen und Wohnräume, so unterliegt der Abschluß des neuen Vertrages auch ohne eine Mietzinserhöhung behördlicher Genehmigung (VO. vom 29. April 1919 § 1 II Anh. S. 119).

§ 9 MSchVO. oben S. 43 findet entsprechende Anwendung. Über die Frage der Rechtsgültigkeit der VO. s. Anm. 3 zu § 1 WVO. oben S. 79.

[4]) Ohne Rücksicht darauf, seit wann das Mietverhältnis besteht (s. dagegen § 5 Ziff. 1 MSchVO. oben S. 30). Im Gegensatz zu § 5 MSchVO. (Anm. 5 das. S. 32) ist hier auch der Mieter zur Antragstellung befugt. Den Gemeindebehörden ist durch Bek. des Min. für soziale Fürsorge vom 29. April 1919 ausdrücklich zur Pflicht gemacht, die EA. und die besonderen Ausschüsse erforderlichenfalls zu einem Einschreiten von Amts wegen anzuregen. Dem Vermieter ist ein Antragsrecht zur Erhöhung des Mietzinses trotz mehrfach geäußerter Wünsche von Grund- und Hausbesitzervereinen nicht eingeräumt worden.

[5]) Über die Besetzung der EA. s. § 8 MSchVO. oben S. 41 mit Bek. vom 23. April 1919 oben S. 117. In größeren Gemeinden, in denen durch den Vollzug dieser VO. die EA. stark belastet werden, können besondere Kammern errichtet werden (Bek. des Min. für soziale Fürsorge vom 29. April 1919 Ziff. 2).

Der Ausschußvorsitzende braucht nicht zum Richteramt oder höheren Verwaltungsdienst befähigt zu sein. Die besonderen Ausschüsse werden in Gemeinden mit städtischer Verfassung vom Magistrat, in den übrigen Gemeinden vom Gemeindeausschuß bestellt.

mindestens zwei Beisitzern, die zur Hälfte dem Kreise der Hausbesitzer, zur Hälfte dem der Mieter angehören müssen; mindestens zur Hälfte müssen die Beisitzer auch Mitglieder der örtlichen Arbeiter- und Bauernräte oder von diesen als Beisitzer vorgeschlagen sein.

Die Ausschüsse entscheiden wie die gemeindlichen Mieteinigungsämter nach billigem Ermessen [1]) und zwar ohne besonderes Verfahren durch formlosen Bescheid.[2])

Die Entscheidungen der Mieteinigungsämter und der Ausschüsse sind unanfechtbar.[3])

§ 4. Vermieter, die eine Mietzinssteigerung ohne Zustimmung der zuständigen Stellen vornehmen, und Vermieter, die einen höheren als den von der zuständigen Stelle gebilligten oder festgesetzten Mietzins annehmen, werden an Geld bis zu 10 000 Mk. oder mit Gefängnis bis zu einem Jahre bestraft.

§ 5. Diese Verordnung tritt mit der Verkündigung im „Freistaat“ (3. Mai 1919) in Kraft.

14. Verordnung der Regierung des Freistaates Bayern vom 29. April 1919.

Betreff: **Bekämpfung der Wohnungsnot.**

(Freistaat 1919 Nr. 20).

§ 1. Wohnungen und Wohnräume dürfen nur mit behördlicher Zustimmung vermietet werden. Jeder ohne diese Zustimmung abgeschlossene Mietvertrag ist ungültig.

Auf behördliches Verlangen müssen freiwerdende Wohnungen an bestimmte Wohnungssuchende vermietet werden.[4])

§ 2. Jeder Haushalt hat nur die zur angemessenen Unterbringung der Haushaltsangehörigen und für deren Berufstätigkeit erforderlichen Räume — d. h. die nach Zahl, Alter, Geschlecht und Gesundheitszustand der Haushaltsangehörigen benötigten Schlafräume, eine Küche und mindestens einen Wohnraum, sowie

---

[1]) Über die Entscheidung nach billigem Ermessen s. Anm. 1 zu § 7 MSchVO. oben S. 35.

[2]) Für die EA. gelten auch hier die Verfahrensvorschriften nach der RKBek. oben S. 53 ff., die Ausschüsse in Gemeinden ohne EA. sind rechtlich hieran nicht gebunden, die Einhaltung gewisser Vorschriften z. B. des Grundsatzes des rechtlichen Gehöres (§ 8 RKBek.) und der Begründung des Beschlusses oben S. 71 Anm. 3 erscheint jedoch wegen der tiefgreifenden Eingriffe in Privatrechte zweckmäßig.

[3]) S. Anm. 3 zu § 7 MSchVO. oben S. 37.

[4]) Die Vorschrift macht künftighin die privatrechtliche Wirksamkeit eines jeden Mietvertrages von behördlicher Zustimmung abhängig. Sie bezieht sich nicht auf alle Mietverhältnisse (s. Anm. 5 zu § 2 MSchVO. oben S. 20 ff.), insbesondere nicht auf die Miete von Fabrik- und Geschäftsräumen, sondern nur auf die Miete von Wohnungen und zu Wohnzwecken geeignete Räume. Die Zustimmung kann auch eine nachträgliche sein (s. oben S. 118 Anm. 2). Über die Frage der Rechtsgültigkeit der VO. s. Anm. 3 zu § 1 WVO. oben S. 79. Über die zuständige Behörde s. § 4.

Abs. 2 ergänzt § 4 WVO. oben S. 83 insoferne, als an Stelle des EA. die Ortspolizeibehörde tritt (§ 4); über die Delegation der Befugnis an die EÄ. s. die Anm. 3 zu § 4 S. 120.

die benötigten Arbeitsräume — für sich zu beanspruchen; alle übrigen für Unterbringung fremder Personen geeigneten Räume sind auf behördliche Anforderung zur Unterbringung obdachloser oder ungenügend untergebrachter Familien und Einzelpersonen gegen angemessene Vergütung zur Verfügung zu stellen. Die Vergütung wird mangels gütlicher Vereinbarung der Beteiligten behördlich festgesetzt.

Bei der Inanspruchnahme hat die zuständige Stelle zu bestimmen, ob die Räume mit oder ohne Mobiliar und Kochgelegenheit zur Verfügung zu stellen sind.[1])

§ 3. Wohnungen und Wohnräume dürfen nur behördlich vermittelt werden. Jede private Wohnungsvermittlung ist verboten. Wohnungsgesuche und -Angebote dürfen in Zeitungen und Zeitschriften nur mit behördlicher Zustimmung veröffentlicht werden.[2])

§ 4. Zuständig zur Ausübung dieser Befugnisse sind die Ortspolizeibehörden. Diese können ihre Befugnisse einer gemeindlichen Stelle (Wohnungsamt, Wohnungsinspektion) übertragen.[3])

Die Ortspolizeibehörden und die von ihnen bezeichneten gemeindlichen Stellen haben ihre Befugnisse unter Mitwirkung

---

[1]) § 2 der VO. betrifft die Rationierung der Wohnungen und tritt an Stelle der Bestimmungen in Ziff. I 3 der VO. vom 22. November 1918 oben S. 114 (s. § 7 Satz 2). Durch die neuen Bestimmungen, durch die sachlich nichts wesentliches geändert wird, soll erreicht werden, daß die Schwierigkeiten, welche sich bei dem Vollzug der bisherigen Vorschriften, insbesondere durch die Zuständigkeit des EA. ergeben haben, beseitigt werden. Nunmehr ist die Durchführung der ganzen Wohnungsrationierung einschließlich der Entscheidung der entstehenden Streitigkeiten in die Zuständigkeit der Ortspolizeibehörden gegeben.

Welche Räume als für den Wohnungsinhaber benötigt gelten, ist in der VO. deutlich angegeben. Bei der Festsetzung der benötigten Arbeitsräume ist auch den Bedürfnissen geistiger Arbeiter Rechnung zu tragen. Außer den in der VO. bezeichneten Räumen sind dem Wohnungsinhaber auch ausreichend Räume zur Aufbewahrung der in den frei zu machenden Räumen befindlichen Möbel und Einrichtungsgegenstände zu belassen. Familienwohnungen sind in den verfügbaren Räumen nur dann einzurichten, wenn sie räumlich so getrennt werden können, daß gegenseitige erhebliche Störungen vermieden werden, und wenn eine Kochgelegenheit beschafft werden kann. Wo hienach Familienwohnungen nicht gewonnen werden können, ist zu prüfen, ob die verfügbaren Räume als möblierte Zimmer zur Unterbringung von Einzelpersonen in Anspruch genommen werden können (Bek. des Min. für soziale Fürsorge vom 29. April 1919).

Da den das Mietverhältnis betreffenden Entscheidungen der Ortspolizeibehörde die Vollstreckbarkeit ebenso fehlt wie den Beschlüssen der EA., so bedarf es zwecks Durchführung eines auf der Entscheidung der Ortspolizeibehörde beruhenden Anspruches noch einer weiteren Entscheidung des ordentlichen Gerichtes (vgl. § 13 MSchVO. Anm. 1 oben S. 46).

[2]) Die ausschließliche gemeindliche Wohnungsvermittlung war für Gemeinden mit mehr als 10000 Einwohnern bereits durch die Bek. des Staatskomm. für Demobilmachung vom 18. Februar 1918 vorgeschrieben worden; nunmehr haben auch kleinere Gemeinden die Einrichtungen zur unenigeltlichen Wohnungsvermittlung zu schaffen (Bek. des Min. für soziale Fürsorge vom 29. April 1919 Ziff. 3).

[3]) Es steht auch nichts im Wege, das gemeindliche EA. oder dessen Vorsitzenden damit zu betrauen. Dies wird namentlich für jene Gemeinden in Frage kommen, in denen die EA. schon bisher die Vorschriften über die Wohnungsrationierung durchgeführt haben. Auch die besonderen Ausschüsse nach § 3 der VO. zur Bekämpfung ungebührlicher Mietzinssteigerungen (s. oben S. 118) können mit der Ausübung der Befugnisse befaßt werden (Bek. des Min. für soziale Fürsorge a. a. O. Ziff. 4).

von Mitgliedern oder Vertretern der örtlichen Arbeiter- und Bauernräte auszuüben.

Die Anordnungen der Ortspolizeibehörden oder der von ihnen beauftragten Stellen sind sofort vollziehbar. Beschwerden haben keine aufschiebende Wirkung.[1])

§ 5. Die Ortspolizeibehörden werden ermächtigt, die zur Durchführung dieser Vorschriften erforderlichen Anordnungen zu erlassen.

§ 6. Zuwiderhandlungen gegen diese Verordnung und gegen die zu ihrer Durchführung erlassenen Anordnungen der Ortspolizeibehörden werden an Geld bis zu 10000 Mk. oder mit Gefängnis bis zu einem Jahre bestraft.

§ 7. Diese Verordnung tritt mit ihrer Verkündigung im „Freistaat" (3. Mai 1919) in Kraft. Mit dem gleiche Tage tritt die Vorschrift in Ziff. I, 3 der VO. vom 22. November 1918 (oben S. 114) außer Kraft.

---

[1]) Die der Ortspolizeibehörde eingeräumte Befugnis zu e. A. war schon durch die Bek. vom 18. März 1919 Ziff. 1 s. oben S. 116 gegeben. Die Beschwerdeführung schließt die sofortige Vollstreckbarkeit der Beschlüsse der EA. oder zur Entscheidung bestellten Ausschüsse nicht aus. Die Beschwerden sind zunächst von den Magistraten bzw. Gemeindeausschüssen zu würdigen und erst wenn ihnen hier nicht abgeholfen wird, an die Gemeindeaufsichtsbehörde zu richten (Bek. des Min. für soziale Fürsorge a. a. O.).

Sachregister.

Die Zahlen bezeichnen die Seiten.

D.

E.

F.

G.

H.

J.

K.

L.

M.

Genossenschaftsgesetz vom 1. Mai 1889. In der Fassung vom 10. Mai 1897. Erl. von **Fr. Bonschab,** Direktor der Bayer. Landwirtschaftsbank. 2. umgearbeitete Auflage. 314 S. Geb. Mk. 3.—
(In Schweitzers blauen Textausgaben.)

Versicherungsgesetz für Angestellte. Mit Erltrgn. Von **K. Meinel,** Senatspräsident im Bayer. Landesvers.-Amt. 2. Aufl. 1916. 647 S. Geb. Mk. 6.—
(In Schweitzers blauen Textausgaben.)

Abzahlungsgeschäfte, Reichsgesetz, betr. die. Kommentar von **M. K. Samter,** Amtsgerichtsrat. gr. 8°. (114 S.) 1911. Kart. 3.—
(H. W. Müller Verlag.)

Kapitalabfindungsgesetz vom 3. Juli 1916 mit Erläuterungen, den Ausführungsbestimmungen des Bundesrats, den Anweisungen der Landeszentralbehörden Preußens, Bayerns, Sachsens, Württembergs und Badens und den sonstigen einschlägigen Vorschriften herausg. von **Dr. Friedr. Koppmann,** Intendanturassessor, Hilfsreferent im K. bayer. Kriegsministerium. 1917. Geb. Mk. 4.20
(In Schweitzers blauen Textausgaben.)

Ansiedlungsgesetz. Das bayerische Gesetz über die Ansiedlung von Kriegsbeschädigten in der Landwirtschaft vom 15. Juli 1916. Mit den Vollzugsvorschriften und ausführl. Erläuterungen von **Dr. A. Fürnrohr,** Rechtsanwalt, Intendanturassessor a. K. 210 S. 1917. Geb. Mk. 5.—
(In Schweitzers braunen Handausgaben.)

Aufenthalts- u. Freizügigkeitsgesetz. Mit Vollz.-Vorschr. Von Bez.-A.-Assessor **Dr. Ziegler,** München. 8°. (150 S.) 1917. Geb. 4.20
(In Schweitzers braunen Handausgaben.)

Reichs- und Staatsangehörigkeitsgesetz v. 22. VII. 13 unt. bes. Berücksichtigung der bayer. Verhältnisse. Erläutert von **Jakob Woeber,** Bezirksamtmann in München. 2. Aufl. 8°. (VIII, 162 S.) 1916. Geb. 5.—
(In Schweitzers braunen Handausgaben.)

Unterstützungswohnsitz- und Bayer. Armengesetz mit Vollzugsanweisung. Erl. v **Dr. W. Pöll,** Rat des bayer. Verwaltungsgerichtshofs. 8°. (715 S.) 1916. Geb. 11.50
(In Schweitzers braunen Handausgaben.)

Auf die Preise werden 25% Teuerungszuschlag erhoben.

J. Schweitzer Verlag (Arthur Sellier) München, Berlin und Leipzig.

FSC
www.fsc.org
MIX
Papier | Fördert
gute Waldnutzung
FSC® C083411

Kolibri 360 GmbH
Ferdinand-Jühlke-Straße 7
99095 Erfurt, Deutschland
produktsicherheit@kolibri360.de